分県登山ガイド 43

大分県の山

藤田晴一・弘蔵岳久・山岡研一 著

山と溪谷社

分県登山ガイド――43

大分県の山

目次

大分県の山 全図 …… 04
概説 大分県の山 …… 06
［コラム］大分県の山の花図鑑 …… 10
［コラム］国東半島峯道ロングトレイル …… 76

◉九重山
01 久住山① 牧ノ戸コース …… 16
02 久住山② 赤川コース …… 22
03 中岳・天狗ヶ城 …… 24
04 扇ヶ鼻・星生山 …… 26
05 白口岳・稲星山 …… 28
06 三俣山 …… 30
07 大船山① 長者原・雨ヶ池コース …… 32
08 大船山② 岳麓寺コース …… 38
09 平治岳 …… 41
10 黒岳 …… 44
11 黒岩山・泉水山 …… 48
12 猟師岳・合頭山 …… 50
13 涌蓋山 …… 52

◉由布・鶴見
14 由布岳① 正面登山口コース …… 54
15 由布岳② 東登山口コース …… 60
16 鶴見岳 …… 62
17 大平山（扇山） …… 64
18 倉木山 …… 66
19 福万山 …… 68

◉国東半島
20 両子山 …… 70
21 千燈岳 …… 72

【登山にあたってのお願い】

大分県の山は2016（平成28）の熊本・大分地震や近年の豪雨などにより、登山口へいたる車道や登山道が被災している箇所があります。登山の際は、事前に当該自治体等へ問合せをしておきましょう（自治体等によってはホームページにて現在の状況を入手することができます）。また、通行可能であったとしても予期せぬ落石・滑落等の恐れがあるため、十分に注意してください。

22 中山仙境 74
23 津波戸山 78
24 田原山(鋸山) 80
25 雲ヶ岳・御許山 82
26 米神山 84

◉ 宇佐・耶馬溪

27 鹿嵐山 86
28 檜原山 88
29 中摩殿畑山 90
30 犬ヶ岳 92

◉ 日田・玖珠

31 万年山 94

◉ 津江山地

32 釈迦ヶ岳・御前岳 96
33 渡神岳 98
34 酒呑童子山 100

◉ 日豊海岸

35 彦岳 102
36 元越山 104

◉ 祖母・傾

37 祖母山 ① 神原コース 108
38 祖母山 ② 尾平コース 114
39 障子岳・天狗岩 118
40 古祖母山 120
41 本谷山・笠松山 122
42 大障子岩 124
43 傾山 ① 九折コース 126
44 傾山 ② 水場コース 130
45 傾山 ③ 杉ヶ越コース 133
46 緩木山・越敷岳 136
47 新百姓山・檜山 138
48 夏木山 140
49 木山内岳 142

●本文地図主要凡例●

- 紹介するメインコース。
- 本文か脚注で紹介しているサブコース。一部、地図内でのみ紹介するコースもあります。
- Start Goal Start Goal 225m 出発点/終着点/出発点・終着点の標高数値。
- 管理人在中の山小屋もしくは宿泊施設。
- 紹介するコースのコースタイムのポイントとなる山頂。
- ○ コースタイムのポイント。
- 管理人不在の山小屋もしくは避難小屋。

大分県の山 全図

▲❶久住山 本書で紹介する山名とコース番号
◎○ 市役所・町村役場
10 国道と国道ナンバー
高速道路・自動車専用道路
JR線
JR新幹線
私鉄線
N
1:540,000
0
20km
道の駅「くにみ」
22 中山仙境
21 千燈岳
真玉温泉 山翠荘
夷谷温泉
あかねの郷
湯の里 渓泉
20 両子山
213
豊後高田市
国東市
道の駅「くにさき」
大分県
にしやしき
23 津波戸山
梅園の里（梅の湯）
24 田原山（鋸山）
大分空港
10
風の郷
なかやまが
きつき
大分空港道路
安岐IC
杵築市
速見IC
日出JCT
ひじ
日出町
別府湾
17 大平山（扇山）
別府市
別府IC
べっぷ
別府温泉
大分市
おおいた
大分IC
おのや
大分光吉IC
大分米良IC
道の駅「佐賀関」
197
こうざき
217
佐田岬
豊後水道
道の駅「のつはる」
塚野鉱泉
豊肥本線
10
442
うすき
臼杵市
臼杵IC
津久見IC
津久見市
つくみ
35 彦岳
あさむい
犬飼IC
いぬかい
道の駅「おおの」
中九州横断道路
57
57
大野IC
朝地IC
道の駅「あさじ」
おがた
みえまち
道の駅「みえ」
502
10
道の駅「きよかわ」
豊後大野市
道の駅「原尻の滝」
佐伯IC
道の駅「やよい」
さいき
佐伯市
10
日豊本線
東九州自動車道
36 元越山
326
41 笠松山
43 44 45 傾山
藤河内湯～とぴあ
木浦名水館
しげおか
47 新百姓山
47 檜山
道の駅「宇目」
48 夏木山
49 木山内岳
宮崎県
388
蒲江IC
道の駅「かまえ」
大崩山
延岡市

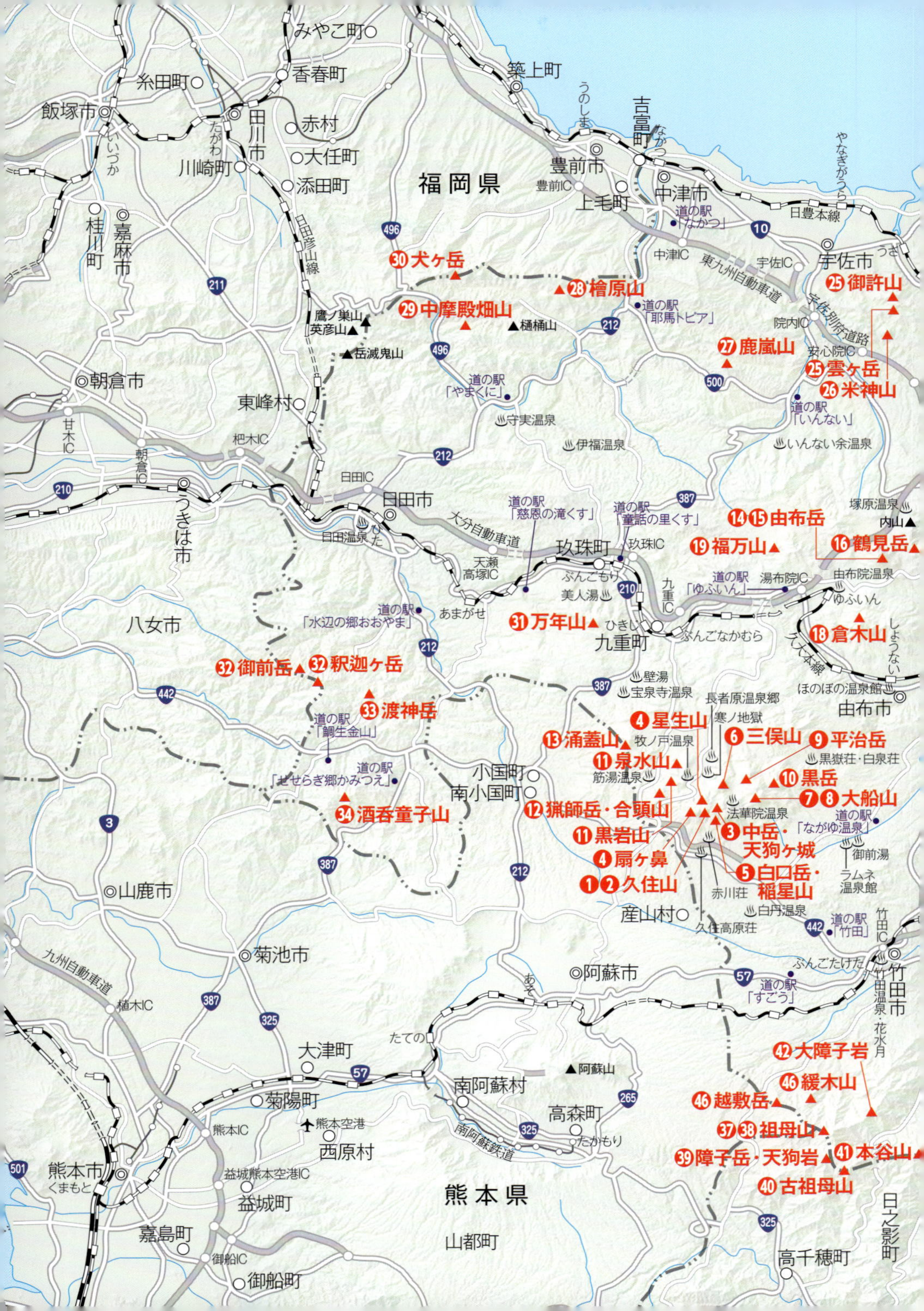

みやこ町
糸田町
香春町
築上町
飯塚市
田川市
赤村
うのしま
吉富町
なかつ
やなぎがうら
いいづか
たがわ
大任町
川崎町
添田町
福岡県
豊前市
豊前IC
上毛町
中津市
道の駅「なかつ」
日豊本線
桂川町
嘉麻市
日田彦山線
496
10
中津IC
宇佐IC
宇佐市
うさ
東九州自動車道
30 犬ヶ岳
28 檜原山
25 御許山
211
鷹ノ巣山
英彦山
29 中摩殿畑山
樋桶山
道の駅「耶馬トピア」
212
宇佐別府道路
院内IC
岳滅鬼山
496
27 鹿嵐山
安心院IC
25 雲ヶ岳
26 米神山
朝倉市
道の駅「やまくに」
500
道の駅「いんない」
東峰村
守実温泉
甘木IC
杷木IC
伊福温泉
いんない余温泉
朝倉IC
212
日田IC
210
日田市
387
塚原温泉
道の駅「慈恩の滝くす」
道の駅「童話の里くす」
14 15 由布岳
内山
日田温泉
ひた
大分自動車道
玖珠町
玖珠IC
19 福万山
16 鶴見岳
うきは市
天瀬高塚IC
ぶんごもり
道の駅「ゆふいん」
湯布院IC
由布院温泉
九重IC
美人湯
210
ゆふいん
道の駅「水辺の郷おおやま」
あまがせ
31 万年山
ひきじ
18 倉木山
八女市
九重町
ぶんごなかむら
しょうない
久大本線
212
32 御前岳
32 釈迦ヶ岳
壁湯
442
387
宝泉寺温泉
ほのぼの温泉館
由布市
長者原温泉郷
33 渡神岳
寒ノ地獄
道の駅「鯛生金山」
4 星生山
6 三俣山
9 平治岳
13 涌蓋山
牧ノ戸温泉
11 泉水山
黒嶽荘・白泉荘
道の駅「せせらぎ郷かみつえ」
小国町
筋湯温泉
10 黒岳
南小国町
7 8 大船山
34 酒呑童子山
12 猟師岳・合頭山
法華院温泉
道の駅「ながゆ温泉」
3
11 黒岩山
3 中岳・天狗ヶ城
御前湯
387
212
4 扇ヶ鼻
5 白口岳・稲星山
ラムネ温泉館
1 2 久住山
山鹿市
赤川荘
白丹温泉
産山村
久住高原荘
442
道の駅「竹田」
竹田IC
菊池市
ぶんごたけた
竹田市
阿蘇市
九州自動車道
あそ
57
道の駅「すごう」
植木IC
387
325
竹田温泉・花水月
たての
42 大障子岩
大津町
阿蘇山
57
46 緩木山
南阿蘇村
265
46 越敷岳
菊陽町
熊本空港
高森町
熊本IC
325
37 38 祖母山
西原村
南阿蘇鉄道
たかもり
41 本谷山
501
熊本市
くまもと
39 障子岳・天狗岩
益城熊本空港IC
40 古祖母山
熊本県
益城町
日之影町
325
嘉島町
山都町
高千穂町
御船IC
御船町

概説 大分県の山

――藤田晴一

大分県は九州の北東部に位置し、東を瀬戸内海《せとないかい》と豊後水道《ぶんごすいどう》に、西を熊本県、北を福岡県、そして南を宮崎県に接している。離島を合わせた総面積は6325平方キロで、その7割を山地が占めている。

「大分には、登山に適した山がたくさんあってうらやましい」とは、登山口や山頂で耳にする登山者同士の会話である。

確かに大分の山は多彩だ。なかでも阿蘇《あそ》くじゅう国立公園にある九重《くじゅう》山群は、九州の登山のメッカとして有名で、祖母傾《そぼかたむき》国定公園の祖母山《さん》は根強い人気がある。ほかにも瀬戸内海国立公園に一部が含まれる国東《くにさき》半島や耶馬日田《やばひた》英《ひ》彦山《こさん》国定公園、あるいは日豊《にっぽう》海岸国定公園の山々も登山者を誘ってくれている。

かくも自然が際立つ大分の、とりわけ山の多彩さはいったいどこにあるのだろうか。それは大分の地形が1億年を超える年代をもつ複雑な基盤岩石の上に、のちの火山活動による地形が重なっているからである。

初版の『大分県の山』から23年が経過し、この間に読者から寄せられた感想や意見をもとに再構築したのが本書である。その中には、開設間もない「国東半島峯道《みねみち》ロングトレイル」（76ページ）に関する記述も付記した。本書がよりよき、そして楽しい登山の参考図書となれば幸いである。

山域の特徴

●九重山群　九州本土最高峰（1791メートル）の中岳《なかだけ》をはじめ、久住山《くじゅうさん》や大船山《たいせんざん》、星生山《ほっしょうざん》、三《み》俣山《またやま》など1700メートル級の山々が連なる一大火山帯である。山頂に向けて四通八達のルートがあり、四季を通じて登山が楽しめる。なかでもミヤマキリシマの群落は、この山群の代名詞になっている。

●由布鶴見山群　わが国屈指の温泉リゾートである別府《べっぷ》と湯布院《ゆふいん》の泉源が、由布鶴見《ゆふつるみ》山群である。「豊後富士」の別名をもつ由布岳は、由布市のシンボル。双耳の峰を頂く独立峰で、キリリとした山容は、遠くからでも一目瞭然。鶴見岳は泉都・別府の後背地に連なる山群の盟主で、今も噴気活動中だ。

●国東半島の山　半島最高峰の両《ふた》子山《ごさん》（720メートル）を中心に600メートル前後の山々が並び立ち、海に向かって放射状にのびる谷は、「国東二十八谷」とよばれる。随所に地塁が発達し、奇岩怪石の山には原始信仰が芽生え、やがて神仏習合の六郷満山《ろくごうまんざん》文化へと発展する。

●宇佐・耶馬溪山地　頼山陽《らいさんよう》（江戸後期の儒学者・史家・漢詩人）命名による集塊岩がつくりだした奇岩怪石の景勝地・耶馬溪《やばけい》は、全国の耶馬溪の発祥地である。山国《やまくに》川の上・中流域が顕著で、本《ほん》、深《しん》、津民《つたみ》、奥《おく》、裏《うら》耶馬溪など耶馬十景は、国の名勝に指定されている。

●日田・玖珠盆地　玖珠《くす》盆地を取り囲む巨大な砦ともいえるのが、

湯けむりを上げる泉都・別府と、その泉源となる鶴見岳

南面の久住高原からの九重山群

溶岩台地がつくりだしたメサ地形の山々。なかでも万年山《はねやま》はダブルメサの山として、世界的に珍しい。ほかにも大岩扇山《おおがんせんざん》や小岩扇山《こ》、青野山《あおやさん》、伐株山《きりかぶさん》などがある。メサの侵食がさらに進んで狭くなったのがビュートである。

●**津江山地**　江戸時代の国策の一環として進められてきたスギの造林事業が功を奏した、「日田杉」の産地として知られる。スギの美林が多い中で、釈迦ケ岳《しゃかがたけ》や御前岳《ごぜんだけ》(権現岳《ごんげんだけ》)、渡神岳《とがみだけ》は神体山として昔から里人の信仰の拠りどころとなった山で、山頂には神仏が祀られている。

●**日豊海岸の山**　稜線の東側は断崖となっていっきに海に落ちこんでいる。魚付き林の典型ともいえるかん養林が多く、それは豊かな海の幸を約束するシンボルでもある。山頂からは、リアス式海岸の絶景を満喫できる。

●**祖母・傾山地**　骨太でたくましく、重畳とした山並みがうねる。そそり立つ岩峰と自然林、そして深く刻まれた渓谷美がみごと。主

「豊後富士」と称される由布鶴見山群の主峰・由布岳

峰の祖母山から傾山にいたる18キロの縦走ルートは、一度は踏破してみたい憧れの山旅であろう。

また、大崩山《おおくえやま》を含む一帯がユネスコのエコパークに登録(2017年)され、登山にプラスアルファの魅力が増幅された。

●大分県の山の四季

春—芽吹きの前に樹木が発散する特有の香りが森に漂う3月、久住山麓では風物詩の野焼きが行われる。一瞬にして黒土と化した台地

は、ひと月もすると一面にキスミレのお花畑ができる。樹林帯の中ではニシノヤマタイミンガサが表土を突き破ってひょうきんな姿で顔を出し、里山ではヤマザクラが存在感を誇示する。4月下旬にはツクシシャクナゲやツクシアケボノツツジの開花に合わせた鑑賞会や山開きが催される。

　陽気のよい季節であるが、この時期は移動性高気圧と低気圧が交互に通るため晴天は長続きせず、1日の気温変化も著しい。万一に備え、充分な装備で行動しよう。

夏―ツクシシャクナゲの花期が終わり、ほどなくしてミヤマキリシマが満開となる。ミヤマキリシマの名所として有名なのが九重山群で、大船山や平治岳《ひいじだけ》は特別に豪華。ほかにも由布岳や鶴見岳も美しいお花畑が見られる。

　ミヤマキリシマが終わると本格的な夏山シーズンが到来する。太平洋高気圧が勢力を増し、晴天が続く。気温は上昇し、強烈な日差しが登山者を苦しめる。充分な水の補給で熱中症や日射病から身を守ることが肝心である。気候も急変しやすく、にわか雨や落雷にもかなりの注意が必要となる。また、ブヨやヒル、マムシなどにも気をつけよう。

秋―太平洋高気圧の勢力が弱まり、大陸からの移動性高気圧に覆われてくると秋本番である。マツムシソウやアキノキリンソウ、ヤマアザミ、リンドウなどが姿を消す頃、山はいっせいに紅葉をはじめる。標高の高い九重山群や祖母・傾山地は10月初旬から中旬、由布鶴見山群が中旬から下旬、耶馬渓や国東半島の山では11月初旬から中旬にかけて盛りとなる。

　「秋の日はつるべ落とし」で日照時間の短いこの時期は、油断しているとすぐに暗くなり、道迷いの要因ともなる。また急激な冷えこみに備えて防寒着も用意しよう。

冬―九州が本格的な冬になるのは1月に入ってからで、高い山の積雪は中旬頃。たかが九州の、それも大分の冬山なんて、と決して甘く見てはいけない。標高1500メートルを超える山での積雪は20センチを超えることもしばしばで、冬山の装備と技術が必要になる。

ベニバナヤマシャクの花（九重山群）

田原山をはじめ、国東半島には岩稜の山が多い

傾山（祖母・傾山地）の山中に懸かる落差約70メートルの観音滝

ラムサール登録湿地のタデ原をすぎるとすがすがしい樹林帯の道が続く（九重山）

豊後水道に面する元越山。山頂からはすばらしい眺めが堪能できる

尾平鉱山からの祖母山。祖母・傾山地の主峰で、日本百名山でもある

●災害による登山規制

2016年4月の熊本地震や2020年7月の豪雨による登山道の崩壊で危険なため、いくつかの山が通行・立入禁止の措置がとられている。

・**九重山群**＝竹田《たけた》市久住町沢水《そうみ》から鳴子《なるこ》谷経由の本山《ほんやま》登山道など。

・**由布鶴見山群**＝鶴見岳西尾根の馬ノ背《うませ》から北へ向かう縦走ルート。大平山《おおひらやま》（扇山《おうぎやま》）からの石楠花《しゃくなげ》尾根。

コース状況については、当該自治体・ビジターセンターに問合せのこと。

本書の使い方

■日程　大分市、別府市など大分県内の各都市を起点に、アクセスを含めて、初・中級クラスの登山者が無理なく歩ける日程としています。

■歩行時間　登山の初心者が無理なく歩ける時間を想定しています。ただし休憩時間は含みません。

■歩行距離　2万5000分ノ1地形図から算出したおおよその距離を紹介しています。

■累積標高差　2万5000分ノ1地形図から算出したおおよその数値を紹介しています。は登りの総和、は下りの総和です。

■技術度　5段階で技術度・危険度を示しています。は登山の初心者向きのコースで、比較的安全に歩けるコース。は中級以上の登山経験が必要で、一部に岩場やすべりやすい場所があるものの、滑落や落石、転落の危険度は低いコース。は読図力があり、岩場を登る基本技術を身につけた中～上級者向きで、ハシゴやクサリ場など困難な岩場の通過があり、転落や滑落、落石の危険度があるコース。は登山に充分な経験があり、岩場や雪渓を安定して通過できる能力がある熟達者向き、危険度の高いクサリ場や道の不明瞭なやぶがあるコース。は登山全般に高い技術と経験が必要で、岩場や急な雪渓など、緊張を強いられる危険箇所が長く続き、滑落や転落の危険が極めて高いコースを示します。『大分県の山』の場合、が最高ランクになります。

■体力度　登山の消費エネルギー量を数値化することによって安全登山を提起する鹿屋体育大学・山本正嘉教授の研究成果をもとにランク付けしています。ランクは、①歩行時間、②歩行距離、③登りの累積標高差、④下りの累積標高差に一定の数値をかけ、その総和を求める「コース定数」に基づいて、10段階で示しています。が1、が2となります。通常、日帰りコースは「コース定数」が40以内で、～（1～3ランク）。激しい急坂や危険度の高いハシゴ場やクサリ場などがあるコースは、これに～（1～2ランク）をプラスしています。また、山中泊するコースの場合は、「コース定数」が40以上となり、泊数に応じて～もしくはそれ以上がプラスされます。『大分県の山』の場合、が最高ランクになります。

紹介した「コース定数」は登山に必要なエネルギー量や水分補給量を算出することができるので、疲労の防止や熱中症予防に役立てることもできます。体力の消耗を防ぐには、下記の計算式で算出したエネルギー消費量（脱水量）の70～80㌫程度を補給するとよいでしょう。なお、夏など、暑い時期には脱水量はもう少し大きくなります。

	時間の要素		距離の要素		重さの要素
行動中のエネルギー消費量（kcal）＝	1.8×行動時間（h）	＋	0.3×歩行距離（km）＋10.0×上りの累積標高差（km）＋0.6×下りの累積標高差（km）	×	体重（kg）＋ザック重量（kg）
	山側の情報 ―「コース定数」				登山者側の情報

＊kcalをmlに読み替えるとおおよその脱水量がわかります

大分県の山の花

藤田晴一

ミヤマキリシマ　6月
九重山・北大船山

樹木の花

ミヤマキリシマ
6月　九重山・大船山

オンツツジ　4月
夏木山

フジツツジ
4月　元越山

ツクシアケボノツツジ
5月　夏木山

マンサク
3月　九重山・佐渡窪

コブシ（群落）
4月　九重山・星生山

コバノミツバツツジ
5月　本谷山

アオダモ
5月　津波戸山

ツクシシャクナゲ
5月　九重山・三俣山

コケモモ
6月　九重山・鳴子山

オオヤマレンゲ
6月　九重山・北大船山

ヨウラクツツジ　6月
九重山・三俣山

ヒカゲツツジ
5月　大障子岩

ツクシドウダン
6月　九重山・大船山

ナツツバキ
7月　大障子岩

白色系の花

ケヤマウツボ
4月　九重山・黒岳

ヤマシャクヤク
4月　九重山・黒岳

フタリシズカ
5月　九重山・黒岳

シロバナエンレイソウ
5月　九重山・黒岳

サバノオ
4月　飯田高原

ツレサギソウ
5月　九重山・坊がつる

バイカイカリソウ
5月　由布岳

セッコク
5月　国東半島

ムシカリ（オオカメノキ）
5月　祖母山

ケイビラン
7月　大障子岩

マイヅルソウ
6月　九重山・坊がつる

ウバタケニンジン
7月　祖母山

ツメレンゲ
10月　国東半島

サギソウ
8月　飯田高原

シラヒゲソウ
8月　飯田高原

ウメバチソウ
10月　九重山・大船山

黄色系の花

フクジュソウ
3月　久住高原

キスミレ　4月　由布岳

キンラン
5月　津波戸山

ワタナベソウ
5月　倉木山

エビネ　5月　国東半島

リュウキンカ
5月　九重山・長者原

サワオグルマ
6月　九重山・坊がつる

ハンカイソウ
7月　由布岳

カキラン
7月　久住高原

オタカラコウ
8月　九重山・坊がつる

クサレダマ
7月　九重山・坊がつる

タカネコウリンギク
8月　合頭山

キツリフネ
8月　久住高原

キレンゲショウマ
8月　祖母山

アキノキリンソウ
9月　九重山・沓掛山

コウライトモエソウ
9月　飯田高原

ユキワリイチゲ
3月　九重山・黒岳

ハンショウヅル
5月　九重山・黒岳

オキナグサ　4月　久住高原

ベニバナヤマシャクヤク
5月　九重山

クロクモソウ
5月　祖母山

サクラソウ
5月　由布岳

赤色系の花

イワカガミ
6月　九重山・扇ヶ鼻

ヒメユリ
7月　九重山・長者原

ミソハギ
7月　九重山・彦太郎池

フシグロセンノウ
8月　倉木山

コオニユリ
8月　久住高原

シオガマギク
9月　鶴見岳

センボンヤリ（秋型）
9月　大平山（扇山）

クサアジサイ
9月　九重山・タデ原

ハガクレツリフネソウ
9月　久住高原

イオウツノブエゴケ
11月　九重山・東千里浜

ムサシアブミ
3月　津波戸山

ノハナショウブ
6月　九重山・坊がつる

ムラサキエンレイソウ
5月　九重山・黒岳

紫・褐色系の花

エヒメアヤメ
5月　由布岳

イナモリソウ
6月　由布岳

イワギリソウ
6月　国東半島

ツクシフウロ
8月　九重山・長者原

ウバタケギボウシ
7月　祖母山

チダケサシ
7月　九重山・西千里浜

タムラソウ
9月　九重山・雨ヶ池

タンナトリカブト
8月　鶴見岳

イワタバコ
8月　国東半島

ヤマラッキョウ
10月　九重山・雨ヶ池

マツムシソウ
10月　九重山・雨ヶ池

リンドウ
10月　九重山・坊がつる

ハバヤマボクチ
10月　鶴見岳

01

日帰り

久住山① 牧ノ戸コース

くじゅうさん　まきのとこーす
1787m

人と出会い景色を楽しむ、くじゅう連山の最人気コース

歩行時間＝3時間55分
歩行距離＝8.8km

技術度
体力度

コース定数	＝14
標高差	＝457m
累積標高差	↗ 572m
	↘ 572m

1964（昭和39）年の九重《くじゅう》と阿蘇《あそ》を結ぶ観光道路・やまなみハイウェイの開通とともに、くじゅう連山の登山スタイルは一変した。それまでは旧国鉄の久大《きゅうだい》本線や豊肥《ほうひ》本線を利用し、豊後中村《ぶんごなかむら》駅や豊後竹田《たけた》駅でバスに乗り換え登山口へアクセスしていた。それが、長者原《ちょうじゃばる》や牧ノ戸峠の登山口まで車でアプローチできるようになり、大幅な時間短縮が図れるようになった。とくに山群の主峰・久住山へは、標高1330《メートル》の牧ノ戸峠まで手軽に行けることにより、登山口から最初の沓掛山《くつかけやま》までのハードな登りをこなせば、あとはゆっくりと高度をかせいで標高差約450《メートル》・2時間ほどで頂に立てるようになった。

深田久弥の日本百名山にも選ば

■鉄道・バス
往路・復路＝JR久大本線豊後中村駅から九重町コミュニティバスで牧の戸峠へ。一部のバスはJR久大本線豊後森駅発で、豊後中村駅を経由する。寒の地獄前〜牧の戸峠間は12〜2月は運休。またはJR久大本線由布院駅から亀の井バス・九州産交バス（九州横断バス・要予約）で牧の戸峠へ（亀の井バスは平日と12〜3月運休）。九州横断バスの一部はJR日豊本線別府駅発着（由布院駅も通る）。

■マイカー
大分道九重ICから国道210号、県道40・621・11号（やまなみハイウェイ）で牧ノ戸峠へ。または大分道湯布院ICから国道210号、県道11号（やまなみハイウェイ）で牧ノ戸峠へ。牧ノ戸峠に駐車場150台（無料）。トイレなどがある。

■登山適期
全山が緑に包まれる5月下旬〜7月下旬がベスト。牧ノ戸峠やナベ谷の霧氷は12月下旬〜2月下旬にかけて。扇ヶ鼻、星生山のミヤマキリシマの群落の開花は6月上旬〜中旬。紅葉は10月上旬〜中旬にかけて。とくにナベ谷や星生山西斜面のコミネカエデとドウダンツツジは圧巻。

■アドバイス
▽水場はないので、出発前に充分用意すること。

＊九重山は2020年7月の豪雨などで登山道の各所に被害を受けており、2023年12月現在でも通行止めのコースがある。詳細は長者原ビジターセンターのホームページを参照。

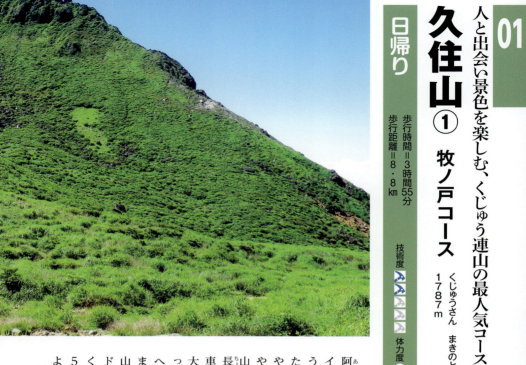

↑みごとに氷結した山頂東面の御池。この時期だけ湖上散歩が楽しめる

→「久住詣で」の終着点・久住山。この山頂を目指して全国から登山者が訪れる

れているだけに、ブームの頃から今日まで日帰り登山が大半を占めるほどの人気登山口となっている牧ノ戸峠は、ミヤマキリシマの時期には朝の5時頃には駐車場が満車になる日も少なくない。駐車場に停められなければ、1日のコーススケジュールの変更を余儀なくされるので要注意だ。駐車場には国土交通省のリアルタイムカメラが設置されているので、登山口付近の現在の状況が把握できる。

牧ノ戸峠から沓掛山へは、登りはじめからいきなり急傾斜となるので、充分なストレッチと、コースタイム以上の時間をかけてでも歩幅を小さくして歩きたい。あずまやで休憩を入れたり、途中振り返りながら高度を確認したりと、開放感ある山ならではの山歩きを楽しみながら、沓掛山を目指す。ここで疲れをためると1日の行程に影響するので、細心の注意をはらいたい。

沓掛山をすぎると、すぐに大岩のステップや木の階段となる。濡れている時は、とくに注意が必要

▽避難小屋に隣接のトイレ（12～3月は閉鎖）は、維持管理費として協力金（寸志）が必要。

■問合せ先

九重町商工観光・自然保護課☎0973・76・2111、竹田市久住支所☎0974・76・1111、長者原ビジターセンター☎0973・79・2154、JR豊後中村駅☎0973・77・6824、九重町コミュニティバス☎0973・76・3807、亀の井バス☎0977・23・0141、九州産交バス予約センター☎096・354・4845、みやまタクシー（九重町）☎0973・78・8822

■2万5000分ノ1地形図

湯坪

「九重山のコケモモ群落」として天然記念物に指定されている。低木なので要注意

＊コース図は20・21ページを参照。

東面の空池の縁からの久住山。山頂へと続く道がよくわかる

だ。またハイシーズンには大渋滞を引き起こす場所でもある。

階段を下りてからは、東の方に進む。**扇ヶ鼻《おうぎがはな》分岐**は休憩ポイントで、ここで呼吸を整えて西千里浜《にしせんりはま》を目指す。西千里浜の入口は星生山への縦走路の入口でもあり、ここから1キロほど平坦な道を進む。徐々に今日の目的地である久住山の山体が近づいてくる。星生崎《ほっしょうざき》下の岩場は、所々狭い箇所があるので、膝を打ちつけたりしないように注意したい。

下りはじめると、避難小屋とトイレが併設された窪地が見えてくる。そこを少し登ると、ここで目指す久住山と山群最高峰の中岳《なかだけ》方面、そして北千里浜の3分岐となる**久住分かれ**に出る。南を見ると雄大な阿蘇の五岳が横たわり、眼前の久住との対比が面白い。ただ、悪天候になると、歩を進められないほどの風が吹くことも多々ある。また、ここから久住山の往復だけということで荷物を置いていく登山者も多いが、カラスがリュックを開けたりしていたずらをすることもあるので、面倒くさがらずに背負っていこう。

ごつごつした石の登山道を登り、回りこむように進むと**久住山**の山頂にたどり着く。ここから眼下に広がる瀬の本や阿蘇の高原美は例えようがないほどすばらしく、雄大でたおやかな大地のつながりを目に焼き付けてくれる。天気のいい日には昼寝でもしたいところだが、そこはくじゅう連山で最も多くの登山者が訪れる場所だけに、なかなかそうはいかない。

帰りは来た道を引き返すが、星生崎から**沓掛山**までの尾根沿いの道は夏の午後は雷雲が発生しやすい。また、最後の区間となる沓掛下から**牧ノ戸峠**へと続くコンクリートの舗装道は、登山口が見えてからも膝や太ももに容赦なくダメージを与え、行程中でいちばん身体に堪える。北麓の長者原地域には日帰り入浴ができる温泉施設が多数あるので、汗を洗い流すだけでなく、早めの疲労回復に努めた上で帰路につきたい。

(弘蔵岳久)

阿蘇へと続く高原美が広がる久住山山頂で至福の時を迎えよう

CHECK POINT

1 牧ノ戸峠登山口。ここからいきなりつらい急登がはじまるだけに、準備運動は入念に行いたい

2 年に数度行われる救助訓練。隊員たちも日頃のパトロールは欠かせない

3 沓掛山から扇ヶ鼻分岐へと続く尾根道。眼下に紅葉が楽しめる。正面の山は星生山

4 沓掛山から降りた場所。ここからしばらくはだらだらとした登りが続く

5 コース中には植生復元のために立入禁止になっている箇所がある。長く登るために共生は欠かせない

6 西千里浜。歩を進めるごとに久住山が近づいてくる。左の岩稜は星生崎

7 久住分かれ手前にある避難小屋とトイレが併設する窪地。ここは風あたりも弱く、休憩するのによい場所だ

8 久住分かれからは北側に北千里浜や三俣山が望まれる。ここから久住山山頂へは20分の登りだ

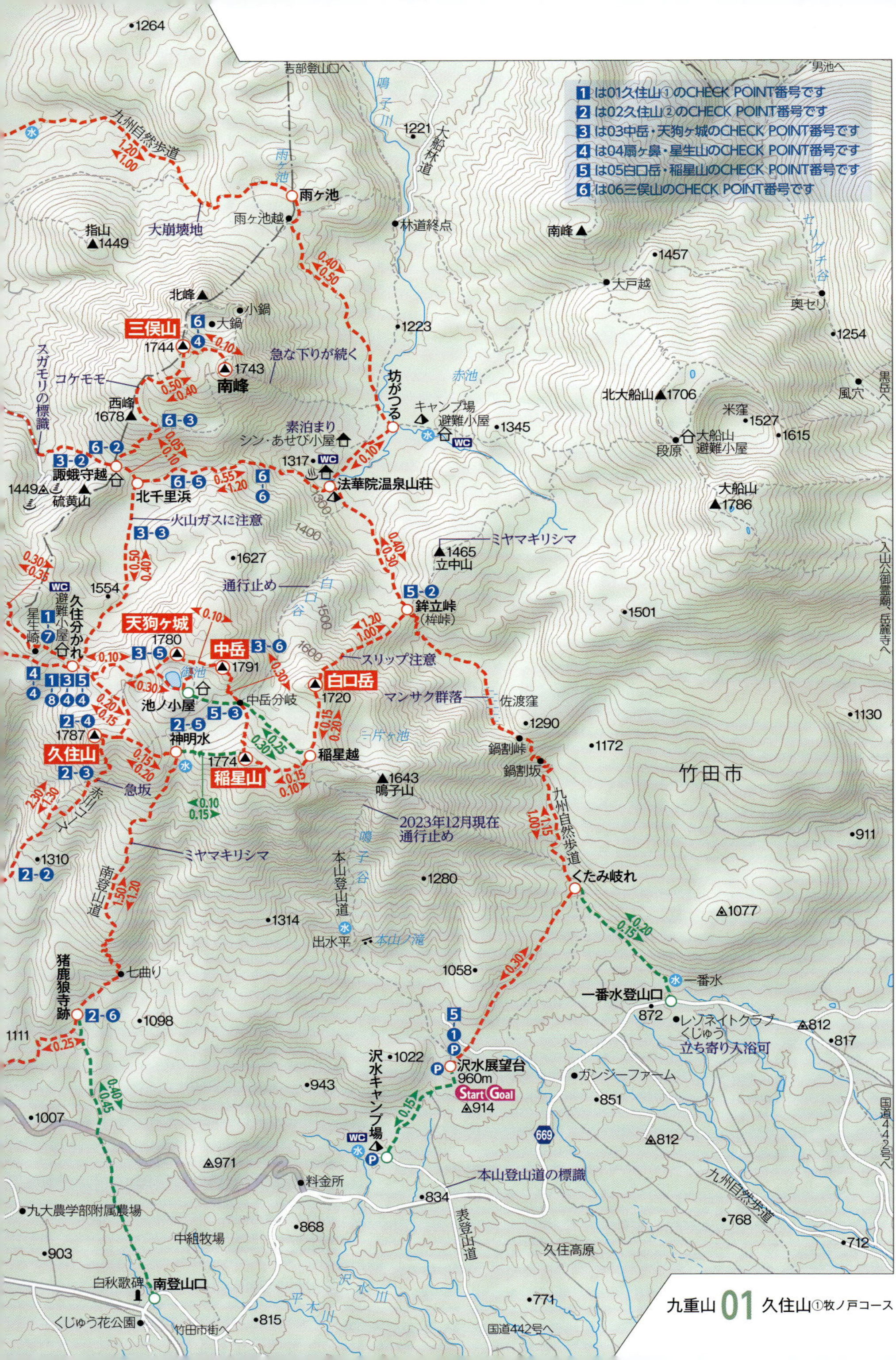

1は01久住山①のCHECK POINT番号です
2は02久住山②のCHECK POINT番号です
3は03中岳・天狗ヶ城のCHECK POINT番号です
4は04扇ヶ鼻・星生山のCHECK POINT番号です
5は05白口岳・稲星山のCHECK POINT番号です
6は06三俣山のCHECK POINT番号です
吉部登山口へ
男池へ
九州自然歩道
雨ヶ池
雨ヶ池越
大崩壊地
指山
1449
林道終点
大船林道
南峰
1457
大戸越
奥セリ
セリグチ谷
北峰
小鍋
大鍋
三俣山
1744
南峰
1743
急な下りが続く
1223
1254
スガモリの標識
コケモモ
西峰
1678
坊がつる
キャンプ場
避難小屋
1345
赤池
北大船山
1706
米窪
1527
1615
風穴
黒岳へ
段原
大船山避難小屋
素泊まり
シン・あせび小屋
1317
法華院温泉山荘
諏蛾守越
1449
硫黄山
北千里浜
大船山
1786
火山ガスに注意
ミヤマキリシマ
1465
立中山
1627
通行止め
白口谷
1554
避難小屋
久住分かれ
星生崎
天狗ヶ城
1780
中岳
1791
鉾立峠
(枠峠)
1501
入山公御霊廟、岳麓寺へ
スリップ注意
白口岳
1720
御池
池ノ小屋
中岳分岐
マンサク群落
佐渡窪
1290
1130
1787
久住山
神明水
稲星越
1774
稲星山
三片ヶ池
1643
鳴子山
鍋割峠
鍋割坂
1172
竹田市
急坂
赤川コース
2023年12月現在通行止め
九州自然歩道
911
1310
ミヤマキリシマ
南登山道
鳴子谷
本山登山道
1280
くたみ岐れ
1314
出水平
本山ノ滝
1077
七曲り
1058
一番水
一番水登山口
猪鹿狼寺跡
1098
872
レゾネイトクラブくじゅう
立ち寄り入浴可
812
817
1111
1022
沢水キャンプ場
沢水展望台
960m
Start Goal
914
943
ガンジーファーム
851
1007
669
812
国道442号へ
971
料金所
本山登山道の標識
834
九州自然歩道
九大農学部附属農場
868
768
712
中組牧場
表登山道
903
久住高原
白秋歌碑
南登山口
平木川
沢水川
771
くじゅう花公園
815
竹田市街へ
国道442号へ

1:40,000
0
1km
N
大分県
九重町
熊本県
産山村
南小国町
久住町久住
1296
下泉水山
上泉水山
1447
1458
大崩ノ辻
黒岩山
1503
1105
筋湯温泉
1124
小松地獄
1123
九大山の家
1166
八丁原地熱発電所
1318
1456
豊後中村駅、九重ICへ
湯布院へ
3-1
レストハウス
ビジターセンター
1035m
九重登山口みやま（くじゅう登山口）
長者原
タデ原湿原
白水川
法華院温泉高原テラス
Start Goal
1087
寒ノ地獄温泉
星生温泉
1109
牧ノ戸温泉
星生
1.30
1.15
奥郷川
施錠されたチェーン
分岐に指導標
6-1
坊原
1283
1187
大曲
鉱山道
落石注意
1353
Start Goal
牧ノ戸峠
1330m
牧の戸峠
レストハウス
展望所
九重森林公園スキー場
合頭山
1384
やまなみハイウェイ
1499
1-1
1-2
1-3
1-4
1-5
沓掛山
1503
急登
0.30
0.20
0.50
0.40
牧ノ戸コース
1512
1383
1316
1423
猟師山
岩稜
4-3
星生山
1762
ミヤマキリシマ
0.40
0.30
0.15
0.10
西千里浜
0.15
0.15
星生分岐
1-6
1685
肥前ヶ城
扇ヶ鼻分岐
4-2
1408
1300
1400
1.35
1.05
急登続く
ミヤマキリシマ
0.15
0.20
1698
扇ヶ鼻
1481
1500
0.45
0.30
1600
1522
岩井川岳
1174
作業道終点
展望所
1282
1068
岡本陸郎美術館
4-1
瀬の本登山口
瀬の本バス停
Start Goal
駐車場
1017m
小国へ
956
せのもと茶屋
0.20
0.15
922
三愛レストハウス
975
瀬の本高原
1033
1088
長期通行止め 久住高原ロードパーク
1186
1374
1.50
1.20
添ヶつる
1096
1229
1264
旧小国街道
赤川温泉赤川荘
2-1
1030m
赤川登山口
Start Goal
901
1024
1020
阿蘇へ
895
936
986
936
久住高原展望台
1036
1098
947
ヒゴタイ公園
天空の大地 久住高原ホテル
904
908
ザ・ガンジーホテル&リゾート
877

02

日帰り

久住山② 赤川コース

くじゅうさん　あかがわこーす

1787m

眼下に広がる久住高原の大パノラマを満喫

歩行時間＝4時間30分
歩行距離＝5・9km

技術度

体力度

コース定数＝18

標高差＝757m

累積標高差 768m 768m

登路からの久住高原。コミネカエデやドウダンツツジの紅が華やかさをかき立てる

2016（平成28）年4月に熊本と大分県を襲った地震は、くじゅうの山々にも大きな爪痕を残した。久住山でも、熊本側の震源に近い南面の久住高原からの赤川コースには登山道上に亀裂が入った箇所が生じたことにより、通行止めを余儀なくされた。このコースはもともと登山道の崩壊が進んでいたために、さまざま方策が試され、結果が出つつある矢先の地震であった。通行止めは1年半以上にわたり、翌17年12月に、ようやく再開された。日本百名山だけに人気の高い久住山だが、大半の登山者が利用する牧《まき》ノ戸《と》コース（16ページ参照）を登ってきた人には驚かれることがあるほど、このルートの登山者は少ない。

久住高原から阿蘇《あそ》へ連なる草原は、野焼きを通じてその美が保たれている。輪地切りや輪地焼きといった野焼きの準備から春先の本焼きまで、多くの人の手によって景観は維持されている。その草原美を振り返り楽しみながら、久住山頂へと高度を上げていこう。

くじゅう連山の南側の登山口がそうであるように、**赤川登山口**もまた公共の交通機関がない場所だ。登山口には駐車場と、このルートの最初で最後のトイレがある。

硫黄泉の名湯・赤川温泉の脇から歩きはじめる。ほどなく扇《おうぎ》ヶ《が》鼻《はな》への分岐があり、久住山へと進路をとる。川を越え、砂防工事の林道とつかず離れず、ひたすら急傾斜を登っていくと、やがて開けた場所にたどり着く。見上げれば目指す久住の頂がそびえ、振り返れば久住の高原が広がる。

黙々と続く急傾斜を、ゆっくり、ゆっくり標高を上げていく。ひと息つくたびに登っていることを実感する。ミヤマキリシマの株が点在する中、歩を進めると、ようやく**久住山**の山頂に到着する。

山頂はこの連山で最も人気のある場所だけに、いつも人が大勢い

■鉄道・バス
往路・復路＝JR豊肥本線豊後竹田駅からタクシーで赤川登山口へ。バスを利用する場合は豊後竹田駅から竹田市バスで久住町の中心部まで行き、タクシーに乗り換える。

■マイカー
大分道九重ICから国道210号、県道40・621・11号（やまなみハイウェイ）で瀬の本へ。国道442号で久住高原荘方面に向かい、左折して赤川登山口へ。駐車場は約25台。

■登山適期
ベストは久住山南斜面のミヤマキリシマ群落が開花する6月上旬〜中旬。コケモモ群落の開花もミヤマキリシマとほぼ同時期。赤川谷左岸のミズナラ美林は5月上旬〜中旬にかけて新緑がみごと。山腹のコミネカエデやドウダンツツジの紅葉は10月上旬〜中旬にかけて。

CHECK POINT

1 標高約1030メートルの赤川登山口。ここでトイレも済ませ出発となる。山頂までは約2時間半の登りだ

2 2016年の熊本地震後に設置された階段路。震災はくじゅう連山にも大きな爪痕を残した

3 久住山山頂直下の紅葉。急傾斜が続くが、これを見ながらあともうひと頑張りしよう

4 山頂標識は、古くなった物から順次ボランティアにより交換される。安全な登山はさまざまな人の手により維持されている

5 久住山と稲星山の鞍部に湧く神明水。久住山側では数少ない、山中で水分補給ができる場所だ

6 小さな石祠が残る猪鹿狼寺本堂跡。ここにも長く続く久住山信仰が偲ばれる。現在の寺は東麓の久住町建宮に移転している

冬期も多くの登山者が訪れる久住山

る。山頂標識での記念撮影も順番待ちができるほどのにぎわいだ。風をよけながら眼下に広がる久住の高原の雄大さに、しばし時を忘れる。そして、春先にはミヤマキリシマの開花とともに山肌がピンクに染まり、シーズンの訪れを麓に知らしめる。

帰りは東に進み、久住山と稲星《いなぼし》山《やま》の鞍部となる**神明水**《しんめいすい》から南登山道へと入る。低木帯で久住高原の景色を充分に楽しんだら、樹林帯に入り、七曲《ななまが》りへとひたすら下っていく。

石祠と説明板が見えた場所が**猪**《い》**鹿狼寺**《からじ》の本堂跡で、現在の野焼きの原型となる、鎌倉時代からの巻狩り（火を放ち、火から逃げてきた獣を捕る）の由来を後世に伝えている。

ここから南に進路をとり、しばらくすると出発点の**赤川登山口**に帰り着く。硫黄泉を楽しみ、帰路へつくことにしよう。

（弘蔵岳久）

■アドバイス

▽本コースは2016年の熊本地震で閉鎖されていたが、2017年末に閉鎖が解除された。詳細は久住支所か長者原ビジターセンターへ問合せのこと。

▽水場は山中の神明水で、冬場を除いて得られるが、万一に備え出発前に充分用意しよう。

▽宿泊は久住高原ホテル（立ち寄り入浴可）、赤川温泉赤川荘（宿泊は車中泊プラン、金～日曜を中心に立ち寄り入浴可）、久住山荘南登山口キャンプ場（ロッジあり）など。

■問合せ先

竹田市久住支所☎0974・76・1111、長者原ビジターセンター☎0973・79・2154、JR豊後竹田駅☎0974・62・2318、竹田市バス☎0974・63・4801、竹田合同タクシー☎0974・63・4141、中央タクシー☎0974・63・3939、国際観光交通（タクシー）☎0974・63・3131、久住観光タクシー☎0974・76・1101（タクシーはすべて竹田市）、天空の大地久住高原ホテル☎0974・76・1211、赤川温泉赤川荘☎0974・76・0081、久住山荘南登山口キャンプ場☎0974・76・0391

■2万5000分ノ1地形図

久住山

＊コース図は20・21ジを参照。

03

日帰り

修験者も愛した九州本土最高峰の頂を踏む

中岳・天狗ヶ城

なかだけ　1791m
てんぐがじょう　1780m

歩行時間＝5時間20分
歩行距離＝13・0㎞

技術度

体力度

コース定数＝**22**

標高差＝756m

累積標高差
↗905m
↘905m

稲星山より望む中岳（右）と天狗ヶ城

御池の上にある慰霊碑

九州本土最高峰の中岳と、吊尾根の対をなす天狗ヶ城。この両峰に囲まれ水を湛える御池《み》は九重山信仰のシンボル的な存在で、猪鹿《いか》狼寺《らじ》と法華院白水寺《ほっけいんはくすいじ》の上宮が祀られ、いにしえは修験者を、そして現在は登山者を魅了する。この連山の最高峰は、一度は踏んでみたい場所として、年々活況を呈している。

山頂へはさまざまなコースがあるが、ここでは**長者原**《ちょうじゃばる》の九重《くじゅう》登山口から最高所を目指す。長者原ヘルスセンターとドライブステイみやまの間の舗装道路（鉱山道）を諏峨守《すがもり》峠方面に向かうと、1㌔ほどでゲートに出る。その脇をすり抜け、砂防ダムの上を歩くと、まもなく左上にのびる登山道がある。すべりやすい黒土の道を登っていくと、再び鉱山道と接合する。ここからは、右手の斜面からの落石に注意しながら進んでいく。

煙を上げる硫黄山《いおうざん》がどんどん近くなる。スガモリの標識から左に降りて涸れ谷を通過したら、石に塗られた黄色のペンキを目印に、諏峨守峠へと登っていく。

三俣山《みまたやま》登山の起点でもある**諏峨守峠**を反対側に下り、**北千里浜**《きたせんりはま》

■鉄道・バス
往路・復路＝JR久大本線豊後中村駅から九重町コミュニティバスで九重登山口みやまへ。一部のバスはJR久大本線豊後森駅発で、豊後中村駅を経由する。またはJR久大本線由布院駅から亀の井バス・九州産交バス（九州横断バス・要予約）でくじゅう登山口へ。九州横断バスの一部はJR日豊本線別府駅発着。
■マイカー
大分道九重ICから国道210号、県道40・621・11号（やまなみハイウェイ）で長者原へ。または大分道湯布院ICから国道210号、県道11号（やまなみハイウェイ）で長者原へ。長者原に広い駐車場がある（無料・トイレあり）。
■登山適期
一面が緑に包まれる6～7月がベスト。ミヤマキリシマやコケモモの花期は6月上旬～中旬。
■アドバイス
▽水場がないので出発前に充分用意する。御池の水は飲用できない。
▽鉱山道を通行する際は星生山北斜面からの落石に要注意。鉱山道の最奥部は火山ガスが常時発生しているため立入禁止。北千里浜も火山ガスがたまりやすい場所で、通行の際は吸いこまないよう。また、風向きや臭いなどで判断し、異常があれば速やかに退去しよう。とくに呼吸器系

へ。砂礫の道を右に進路をとり、久住分《くじゅうわ》かれを目指す。このあたりは硫黄山の火山ガスが滞留していることがあるので、注意が必要だ。

　徐々に道が険しくなり、久住分かれの手前は急登となるので、一歩一歩確実に歩を進める。登り着いた**久住分かれ**で牧《まき》ノ戸《と》コースと出会う。お隣の阿蘇五岳《あそごがく》の涅槃《ねはん》が眼前に横たわっているこの場所で、ひと息入れていこう。

　久住山を右手に、今通ってきた北千里浜を左下に見ながら、中岳方面を目指す。空《から》池の縁を進み、正面の天狗ヶ城の西斜面に取り付く。右側に御池を見ながら急登を上がると、**天狗ヶ城**の山頂に出る。ここから北東斜面を下って鞍部へ、ここから尾根道を登り返すと、**中岳**山頂にたどり着く。

　九州本土最高所からの絶景を堪能したら、天狗ヶ城との鞍部まで戻り、池ノ小屋（避難小屋）の手前から御池の湖面を見ながら進む。この上部の丘には、くじゅうで最初に発生した遭難事故の慰霊碑が祀られている。幅2メートル・高さ1．3メートルの1枚岩に漢詩で事故の経緯などが彫りこまれ、80年以上たった今も登山者に警鐘を鳴らしている。毎年8月第1日曜日には、慰霊祭が行われている。

　冬期には全面凍結する御池は格好のリンクとなり、ソリ持参の登山者も少なくない。夏期は池の水量により2コースあるので注意して進むと、先に通った天狗ヶ城の取り付きに出る。ここからは転石に注意しながら往路を戻ることにする。

（弘蔵岳久）

疾患の人は通行しない方が賢明。

■問合せ先
九重町商工観光・自然保護課☎0973・76・2111、竹田市久住支所☎0974・76・1111、長者原ビジターセンター☎0973・79・2154、JR豊後中村駅☎0973・77・6824、九重町コミュニティバス☎0973・76・3807、亀の井バス☎0977・23・0141、九州産交バス予約センター☎096・354・4845、みやまタクシー（九重町）☎0973・78・8822

■2万5000分ノ1地形図
湯坪

冬は全面氷結する山頂直下の御池。ソリを持ちこめば恰好の遊び場となる

CHECK POINT

1 やまなみハイウェイを湯布院から阿蘇方面に向かい、この風景が見えたら九重登山口はもうすぐだ

2 硫黄山から立ち上る噴気。1995（平成7）年には水蒸気爆発を起こしている

3 荒涼とした北千里浜。このあたりは火山ガスが滞留するので、通行の際は要注意だ

4 牧ノ戸コースなどとの合流点・久住分かれでひと息つく。遠くに阿蘇の涅槃が横たわっているのが見える

5 久住山を背にする天狗ヶ城への登り。空池から急傾斜が続く

6 九州本土の最高点・中岳の山頂より望むくじゅうの山々。水を湛える御池は神秘的だ

＊コース図は20・21ページを参照。

04

日帰り

くじゅう連山の見どころ満載の山々を闊歩する

扇ヶ鼻・星生山

おうぎがはな　1698m
ほっしょうざん　1762m

歩行時間＝6時間10分
歩行距離＝12・2km

技術度 ■■□□□
体力度 ■■□□□

コース定数＝**24**

標高差＝745m

累積標高差 ↗989m ↘989m

星生山の紅葉。奥につながる尾根道を闊歩する

以前は登山者も少なく、山群でも静かな山の代表であった扇ヶ鼻。ここ15年くらいでミヤマキリシマの群落地として名を馳せるようになって登山者が急増し、登山道の荒廃が進んでいる。それでもくじゅう連山の中ではミヤマキリシマのピークを迎えるのが遅いため、他の頂を見納めたあとも、この山を訪れる人は多い。秋は目前の肥前《ひぜん》ヶ城《がじょう》の壁面の紅葉を楽しめるスポットとして人気がある。

星生山は天空の縦走路として左右に広がる景色を楽しみ、さらに久住分《くじゅうわ》かれに降り着く前は眼下の硫黄山の鼓動を楽しめる山として、登山者を魅了する。

今回は西側の瀬《せ》の本《もと》からコースを楽しむが、牧《まき》ノ戸《と》峠から久住山に登る際（16ページ参照）、この2座はちょっとした寄り道的に楽しめる峰々だ。

瀬の本の交差点からやまなみハイウェイを牧ノ戸方面に向かうと、左側に**駐車場**があるので、ここに車を置く。まず目を引くのは、阿《あ》蘇《そ》五岳《ごがく》のでんとした雄大な風景だ。

準備が整ったら、やまなみハイウェイを横切り、伐採用道路の入口（瀬の本登山口）に向かう。キャタピラが通るため水道ができ歩きづらい道を、まずは岩井《いわい》川岳《ごだけ》へと向かう。途中の急登を経て、1時間半ほどで**岩井川岳**の山頂にたどり着く。

ひと息入れ、次なる高みの扇ヶ鼻を目指す。ここも最後の登りでくたびれるが、50分弱で**扇ヶ鼻**の山頂に到着する。広い山頂で、春はミヤマキリシマ、秋には紅葉が楽しめる。

山頂から下っていくと、**扇ヶ鼻分岐**に出る。ここは牧ノ戸峠からの登山道との接合点で、休憩している登山者が多い。

分岐から東の久住山方面に進むと、すぐに星生山の入口となる分岐がある。その先にある西千《にしせん》里浜《りはま》の途中からも星生山山頂を目指せるが、尾根歩きを楽しむためには、

■**鉄道・バス**
往路・復路＝JR日豊本線別府駅（JR久大本線由布院駅経由）から九州産交バス（九州横断バス・要予約）で瀬の本へ。九州横断バスの一部は由布院駅発着。バス停から瀬の本登山口手前の駐車場へは徒歩約20分。またはJR豊肥本線豊後竹田駅からタクシーで瀬の本登山口へ。

■**マイカー**
大分道九重ICから国道210号、県道40・621・11号（やまなみハイウェイ）で瀬の本へ。または大分道

扇ヶ鼻からの肥前ヶ城西面。絶景にしばし時を忘れる

ミヤマキリシマに彩られる星生山北斜面

最も西側の分岐から入りたい。

　登山道に取り付くと急激な登りとなり手足を使う場面もあるが、その後は山頂までだらだらと続く登りとなる。前方に久住山の頂を見て進むと、**星生山**山頂にたどり着く。途中北側の斜面には、ミヤマキリシマの群生地がある。また南側の斜面は、秋には草紅葉が西千里浜まで続き、この時期には多くの登山者の往来が見てとれる。

　山頂から久住分かれまでは急峻なので、足元に注意しながら下る。


久住分かれの下の窪地には避難小屋とトイレが併設され、休憩地としていつもにぎわっている。西側には巨岩が天を衝くようにそびえる星生崎《ざき》を望む。以前はクライミングのトレーニングをしている人も見かけられた場所だ。

　分岐をあとに西千里浜方向へ、**星生分岐**、さらに**扇ヶ鼻分岐**まで歩を進める。ここからは来た道を引き返すか、牧ノ戸峠へ下ってタクシーで瀬の本の**駐車場**まで戻ることとなる。

（弘蔵岳久）

CHECK POINT

1 駐車場より県道を牧ノ戸峠方向に400㍍ほど進むと瀬の本登山口がある。頭上の青い交通標識が目印だ

2 休憩適地の扇ヶ鼻分岐。ここで牧ノ戸峠からの道が合わさる。右上は次に向かう星生山への道

3 星生山からは噴気を上げる硫黄山を間近にする。大地の鼓動が伝わってくる（左奥は三俣山）

4 天を衝くようにそびえ立つ星生崎の巨岩。その大きさにしばし見とれる

湯布院ICから国道210号、県道11号（やまなみハイウェイ）で瀬の本へ。久住高原ロードパークと県道11号との交点付近に駐車場がある。

■登山適期
ミヤマキリシマやコケモモの群落がある扇ヶ鼻の北斜面は6月上旬～中旬がベスト。

■アドバイス
▽瀬の本へのバスは午前・午後2便しかないので、タクシー利用も考慮したい。
▽山中には水場がないので出発前に充分用意すること。
▽牧ノ戸峠からだと扇ヶ鼻に最短距離で到達できる。牧ノ戸峠（1時間20分↓↑1時間）扇ヶ鼻分岐（20分↓↑15分）扇ヶ鼻。

■問合せ先
竹田市久住支所☎0974・76・1111、長者原ビジターセンター☎0973・79・2154、JR豊後竹田駅☎0974・62・2318、九州産交バス予約センター☎096・354・4845、竹田合同タクシー☎0974・63・4141、中央タクシー☎0974・63・3939、国際観光交通（タクシー）☎0974・63・3131、久住観光タクシー☎0974・76・1101（タクシーはすべて竹田市）

■2万5000分ノ1地形図
湯坪・久住山

＊コース図は20・21㌻を参照。

05

くじゅうの1700メートル級の2座をめぐる周遊散歩

白口岳・稲星山

しらくちだけ 1720m
いなぼしやま 1774m

一泊二日

第1日　歩行時間＝6時間　歩行距離＝9・2km
第2日　歩行時間＝2時間10分　歩行距離＝4・4km

技術度 2/5
体力度 2/5

コース定数	＝30
標高差	＝831m
累積標高差	↗1189m ↘1189m

坊がつるから望む白口岳。凛とした山容に圧倒される

　坊《ぼう》がつるから眺めると、三角錐の堂々たる姿を見せる白口岳と、久住《くじゅう》高原から最も大きい山体を誇る稲星山。この2峰は、牧ノ戸《まきのと》登山口から遠いこともあり登山者の数は少ないが、連山の縦走には欠かせない山である。ここでは、南面の沢水《そうみ》展望台を起点に九州自然歩道を登って2山に立ち、くじゅう山中の名湯・法華院《ほっけいん》温泉に1泊して沢水展望台に戻るコースを紹介する。

第1日　公共の交通機関が少ない南側の登山口は、最寄り駅からタクシーを利用するか、マイカーでアクセスする。駐車場と登山届箱のある**沢水展望台**から、北東のくたみ岐《わか》れ方面を目指す。**くたみ岐れ**には地元のNPO法人である「みちくさ案内人倶楽部」によって4000本のヤマザクラが植えられ、3月下旬に見ごろを迎える。

　九州自然歩道に入り、鍋割《なべわり》坂を登っていく。この道はかつて法華院への物資運搬道として使われ、生活道路でもあった。鍋割峠をすぎると佐渡窪《さどくぼ》に出る。佐渡窪はマンサクの人気スポットで、春にはここを目当てに訪れる登山者も多いが、白口岳からの崩壊が進み、土砂の堆積で木道がわかりづらくなっている。また、大雨のあとは佐渡窪に水がたまって木道を通れないこともあるので、その時は巻道を利用することとなる。

　佐渡窪から急登すると、**鉾立峠《ほこたて》**（桙峠《ほこんとう》）に登り着く。この峠は日本百名峠にも選ばれる場所で、昔は関所として機能し、北面の坊がつる側は殺生禁断の地として、修験者の聖地の時代もあった。峠から右に登る立中山《たっちゅうさん》はミヤマキリシマが群生し、近年登山者の数が増

■鉄道・バス
往路・復路＝JR豊肥本線豊後竹田駅からタクシーで沢水展望台へ。

■マイカー
瀬の本までは26ページを参照。瀬の本から国道442号・県道669号を経て沢水展望台へ。沢水展望台の駐車場に約10台、手前の沢水キャンプ場の駐車場に約70台駐車可。

■登山適期
佐渡窪のマンサク群落の開花は3月中旬～下旬。白口岳のコケモモ群落は6月上旬～中旬にかけて開花。稲星山南斜面のミヤマキリシマ群落の開花は6月上旬～中旬にかけて。

■アドバイス
▽本コースは本来なら稲星越から本山登山道を下って沢水展望台に戻るのが一般的だが、本山登山道は2016（平成28）年の熊本地震で通行止めとなっている。
▽北千里浜から法華院方面に下り、山荘の屋根が見えはじめるあたりは事故の多い場所なので、最後まで気を抜かずに下ること。
▽水場はないので、出発前に充分用意すること。
▽稲星山から神明水を経て南登山道で久住高原に下山することができる。稲星山（10分）神明水（1時間20分）猪鹿狼寺跡（40分）南登山口。
▽稲星越付近は霧が発生すると極端に視界が悪くなるため、迷わないよ

えている。また、冬期の鉾立峠はご来光の名所で、1700メートルの山頂付近でご来光を拝めない日でも、ここからだと見える日が多い。

峠から左に見える山が白口岳で、急峻な尾根道が山頂まで続いている。雨後はとくにすべりやすい道を1時間半ほど登ると、**白口岳**山頂に到達する。ここからは坊がつる湿原の全体が見渡せ、大船山が意外に近い。

山頂をあとに南に下り、**稲星越**《ごし》を直進すると**稲星山**の山頂に出る。赤茶色の山頂に祀られている石造仏は荒涼感を醸し出すが、ここからの展望は絶景で、楽しまずにはいられない。

山頂から北面の中岳《なかだけ》分岐へと下る。**中岳**と**天狗ヶ城**《てんぐがじょう》を登って**久住分かれ**に出て、諏峨守《すがもり》峠手前にある**北千里浜**の分岐を右にとり、宿泊地となる**法華院温泉**へと下っていく。

第2日 翌日は沢に付けられた九州自然歩道を、**鉾立峠**へと登っていく。途中の左手にいくつかの墓石があるが、これらは坊がつるが修験道の霊場であった名残だ。

峠からは往路を引き返す。

（弘蔵岳久）

南面の久住高原からは稲星山がひときわ大きく見える

マンサクの名所として知られる佐渡窪

CHECK POINT

登山口となる沢水展望台。「法華院・大船山」への標柱にしたがい歩を進める

冬期のご来光ポイント・鉾立峠。後方の白口岳へは尾根道をひたすら登る

稲星山から中岳へと登り返す。北面の白口谷への道は2023年現在通行不可

中央の北千里浜を通って急登を下れば法華院温泉山荘へとたどり着く

う注意すること。万一に備え池ノ小屋（避難小屋）の位置をしっかりと把握しておくこと。

▽宿泊は法華院温泉山荘（通年営業・240名収容。1泊2食付10500円～。要予約。入浴は500円）、シン・あせび小屋（通年営業・20名収容。素泊まり5500円。要予約）がある。とくにミヤマキリシマのシーズン中は大混雑するため、分散登山が賢明。法華院温泉山荘にはテント場もある。

▽沢水キャンプ場の開設期間は4月上旬～12月中旬の土・日曜、祝日（GWと夏期は毎日）。

■**問合せ先**

竹田市久住支所☎0974・76・1111、長者原ビジターセンター☎0973・79・2154、JR豊後竹田駅☎0974・62・2318、竹田市バス☎0974・63・4801、竹田合同タクシー☎0974・63・4141、中央タクシー☎0974・63・3939、国際観光交通（タクシー）☎0974・63・3131、久住観光タクシー☎0974・76・1101（タクシーはすべて竹田市）、法華院温泉山荘☎090・4980・2810、シン・あせび小屋☎080・9088・5963、沢水キャンプ場☎0974・76・1542

■**2万5000分ノ1地形図**

大船山・久住・久住山

＊コース図は20・21ジペーを参照。

長者原園地から望む三俣山（左、右は星生山）。今日はこの山を一周してみよう

06 三俣山

特徴的なピークをもつ山と2箇所のラムサール登録湿地を楽しむ

日帰り

みまたやま
1744m（本峰）

歩行時間＝6時間15分
歩行距離＝13.6km

技術度 2/5
体力度 2/5

コース定数	＝25
標高差	＝709m
累積標高差	↗1023m ↘1023m

やまなみハイウェイを別府《べっぷ》から阿蘇《あそ》方面に向かい、飯田《はんだ》高原に入ると3つの尾根が見えてくる。これが三俣山だ。実際には本峰《ほんぽう》、北峰《ほっぽう》、南峰《なんぽう》、西峰《せいほう》の4つの頂があるが、どこから見ても3つに見えることから、この山名がついたといわれる。春先のマンサクから冬の霧氷まで一年を通じて楽しめる山で、登らずとも登山者の心を引きつけている。

ここでは長者原《ちょうじゃばる》を起点に三俣山に登り、坊《ぼう》がつるとタデ原《はら》湿原の2箇所のラムサール登録湿地を楽しむ周回コースを紹介する。登路の諏峨守《すがもり》峠のルートは硫黄山《いおうざん》の亜硫酸ガスのせいか木々が少なく荒涼としており、下山路の雨《あま》ケ池のルートは、木々に覆われ温かみを感じる。ひとつの山で、まったく違う景色を楽しませてくれるコースだ。

長者原の九重《くじゅう》登山口から**諏峨守峠**までは24ページ「中岳《なかだけ》・天狗《てんぐ》ケ城《じょう》」を参照のこと。諏峨守峠は北《きた》千里浜《せんりはま》で1962（昭和37）年に起きた7名の命が奪われた山岳遭難事故を機に「愛の鐘」が設置され、多くの登山者を見守ってきた売店があった場所だ。1995（平成7）年の硫黄山の水蒸気爆発によって店は廃業し、現在は避難所として残っている。

スガモリ峠避難所からクマザサ

■鉄道・バス
往路・復路＝24ページを参照。

■マイカー
24ページを参照。

■登山適期
三俣山は花の宝庫で、ツクシシャクナゲは5月中旬。ミヤマキリシマ、ドウダンツツジ、コケモモ、イワカガミ、マイヅルソウは6月上旬～中旬。ドウダンツツジやコミネカエデの紅葉は10月上旬～中旬にかけて。

■アドバイス
▽坊がつるとタデ原の湿原は、野焼きを通じて保たれ、貴重な植物の宝庫となっている。2005（平成17）年には湿地に関する国際条約であるラムサール登録湿地にも認定された。
▽水場がないので出発前に充分用意すること。
▽かつて諏峨守越にあった諏峨守小屋は硫黄山が1995（平成7）年

坊がつるから望む三俣山

に覆われた山肌を、右上に巻きながら登っていく。途中、北千里浜の対岸に黄色い硫黄を製錬した跡が見える。硫黄山の硫黄が、鉄砲の火薬の原料として重宝されていた時代の名残だ。

南面の天狗ヶ城に最も近づいた場所から左へ折り返すように登ると、三俣山の西峰が見えてくる。西峰を右に巻き、いったん鞍部に下る。登り着く手前で左に進路をとると、三俣山の**本峰**に出る。ここからはくじゅう連山が360度のパノラマで展開し、登山者を楽しませてくれる。

硫黄山に残る硫黄の製錬跡。火薬の原料として各藩が競った

山頂部東側のお鉢めぐりは、紅葉やシャクナゲの時期の穴場だ。ただし霧が発生すると、独立した山だけに、方向を見失いやすいので注意が必要だ。こういう時に、諏峨守峠の愛の鐘の音がしるべとなる。

南峰からは坊がつるに出てもいいが急な下りが続くため、**諏峨守峠**まで引き返して北千里浜に下ることにする。

北千里浜の砂地を左に進み、正面に大《たい》船山《せんざん》と猿《さる》岩を見て、下りに差しかかる。いくつもの砂防ダムの右側を通り、坂を下ると坊がつる湿原が広がってくる。**法《ほっ》華院《けいん》温泉**に出て九州自然歩道に入り、**坊がつる**の西端を抜けて樹林帯の道を緩やかに登ると**雨ヶ池**に出る。

樹林帯の中をマーキングやロープに注意しながら進むと、今度はタデ原湿原が広がる。木道を歩いていくと**長者原**に到着する。

（弘蔵岳久）

CHECK POINT

1 坊原付近は硫黄山の鉱山道と並んで登山道が続く

2 諏峨守峠。三俣山へは右に巻きながら登っていく

3 西峰への登路からは中岳など九重の山々が望める

4 紅葉に彩られる秋の大鍋・小鍋

5 北千里浜を法華院方面へ進むと奇岩・猿岩がある

6 砂防ダム沿いを下ると坊がつる湿原が近づいてくる

に噴火したあと取り壊され、代わって今の石づくりの避難所が新設された。釣鐘の「愛の鐘」は、1962（昭和37）年正月の遭難事故のあと、登山の安全を祈って久留米出身の女流歌人・倉田厚（故人）から贈られたもの。

▽宿泊の場合は法華院温泉山荘（通年営業・240名収容。1泊2食付10500円〜。要予約。入浴は500円）、シン・あせび小屋（通年営業・20名収容。素泊まり5500円。要予約）がある。法華院山荘にはテント場も用意されている。

■問合せ先

九重町商工観光・自然保護課☎0973・76・2111、竹田市久住支所☎0974・76・1111、長者原ビジターセンター☎0973・79・2154、JR豊後中村駅☎0973・77・6824、九重町コミュニティバス☎0973・76・3807、亀の井バス☎0977・23・0141、九州産交バス予約センター☎096・354・4845、みやまタクシー（九重町）☎0973・78・8822、法華院温泉山荘☎090・4980・2810、シン・あせび小屋☎080・9088・5963

■2万5000分ノ1地形図

湯坪・大船山

＊コース図は20・21ページを参照。

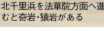

07

植物の宝庫を楽しみながら「花の百名山」の頂に立つ

大船山《たいせんざん》①　長者原《ちょうじゃばる》・雨ヶ池《あまがいけ》コース《こーす》

1786m

日帰り

歩行時間＝7時間15分
歩行距離＝15・0km

技術度 2/5
体力度 2/5

コース定数＝27
標高差＝751m
累積標高差 ↗1004m ↘1004m

↑朝焼けの大船山のシルエット。星空を含め泊まった人が味わえる時間だ

←九重山中の2つの湿原で行なわれたKODOMOラムサール学習会。将来の湿原保全にかかせない人材だ

九重《くじゅう》山群の盟主が久住山《くじゅうさん》なら、それにひけをとらない人気の山が大船山である。南面の久住高原側から望むと、山名通り、まるで大きな船をひっくり返したような山容をなしている。この山の最大の魅力はなんといっても、天然記念物に指定された、初夏を彩るミヤマキリシマだろう。また、近年は山頂直下にある御《お》池の紅葉を目指して10月上旬から中旬にかけて多くの登山者が訪れている。

登山口の長者原《ちょうじゃばる》（標高約1030メートル）に広がるタデ原《はら》湿原はサクラソウやヒゴタイ、「坊《ぼう》がつる讃歌」で知られる山中の坊がつる湿原（標高約1200メートル）はアケボノソウやシラヒゲソウが季節を彩る。ともに2005（平成17）年にラムサール登録湿地に指定され、どちらも野焼きによって貴重な植物が保全されている。坊がつるにある野営場は季節を問わず色とりどりのテントが張られ、「テント泊の聖地」として、近年いよいよ活況を呈している。

今回は長者原から雨ヶ池と坊がつるを通り、大船山の山頂にいたるコースを紹介する。日帰りも可能だが、南西麓には法華院《ほっけいん》温泉山荘があるので、宿泊するのもおすすめだ。九州最高所（標高約1300メートル）に湧く温泉に浸かり、星空の天体ショーを楽しもう。

JR久大《きゅうだい》本線豊後中村《ぶんごなかむら》駅からバスまたはタクシーで、**長者原**の九重登山口へ。ここには長者原ビジターセンターがあるので、登山前に九重山の情報を入手していこう。長者原には食事ができる施設や375台分もの駐車スペースがある、九重登山の最大拠点となっている。

トイレを済ませたら登山届を出して登山を開始する。昭和末期の九重山のガイド犬・平治《ひいじ》号の銅像脇から木道へと進む。道標にした

坊がつるより大船山を望む。緑豊かな風景は野焼きにより保たれている

がい、坊がつるを目指す。ミズナラやカエデの樹林帯の中、歩を進める。秋には頭上の紅葉や落ち葉を踏みしめる音が、登山を楽しくしてくれる。雨ヶ池の手前から見える長者原の風景は、徒歩で1時間の距離を納得させられる。

2017年の秋に再整備された木道に取り付き、**雨ヶ池**へ向かう。雨後に水を湛える雨ヶ池は、夏にはノハナショウブ、秋にはヤマラッキョウの紫色が登山者の目を楽しませてくれ、初夏のミヤマキリシマの時期には、目前の平治岳のピンク色の山体に圧倒される。雨後にたまる池だけに水がない日も多く、初めての九重山に登る人からは、雨ヶ池の場所を尋ねられることも多々ある。

積雪時はより凛々しく山頂がそびえる

雨ヶ池をあとにアセビの樹林帯を抜け、避難小屋の廃材でつくられた石畳を抜けると、**坊がつる**の全容が広がる。四面が山なる景色を楽しみ、坊がつるの水場で水分を補給し、その奥の**避難小屋**を目指す。ここが大船山の取り付きだ。

ここから樹林帯の中の道を登っていくが、このあたりの道は枝分かれして非常に迷いやすい場所なので、テープのマーキングを確かめながら歩を進めよう。

五合目の看板以降は、より足もとに注意しながら登っていく。だんだんと木々の背丈が低くなってくると山頂が見えはじめ、パッと開けた**段原**《だんばる》に出る。ここから稜線を北に向かうと、**北**《きた》**大船山**の山頂にすぐにたどり着く。そのまま進むと平治岳へと向かうが**段原**に引き返し、ひと息入れて南に進路をとる。

登山道にはみ出たミヤマキリシマに悩まされつつ、樹林帯の中、

＊コース図は36・37ページを参照。

大船山頂直下に広がる紅葉。見入ってしまうが足もとは注意が必要だ

枝に注意しながら大船山を目指す。もうすぐ山頂という場所がこのコースの最難所で、滑落や転倒事故も多い。風が強い日には身体があおられるので、細心の注意が必要だ。登り着いた**大船山**の山頂からはくじゅう連山のほとんどの山の頂が眺望でき、阿蘇《あそ》五岳《ごがく》やユネスコエコパークに認定された祖《そ》母《ぼ》・傾《かたむき》の山々も楽しめる。大気の澄んだ日には、遠く四国の最高峰・石鎚山《いしづちさん》も確認できる。

山頂で至福の時をすごしたら、硫黄山《いおうざん》の煙の上がり具合で帰りの天気を予想し、来た道をより転倒に注意しながら戻っていく。

（弘蔵岳久）

法華院温泉山荘。九州最高所の温泉にして九州では数少ない有人の山小屋

■鉄道・バス

往路・復路＝ＪＲ久大本線豊後中村駅から九重町コミュニティバスで九重登山口みやまへ。一部のバスはＪＲ久大本線豊後森駅発で、豊後中村駅を経由する。またはＪＲ久大本線由布院駅から亀の井バス・九州産交バス（九州横断バス・要予約）でくじゅう登山口へ。九州横断バスの一部はＪＲ日豊本線別府駅発着。

■マイカー

大分道九重ICから国道２１０号、県道４０・６２１・１１号（やまなみハイウェイ）で長者原へ。または大分道湯布院ICから国道２１０号、県道11号で長者原へ。長者原に広い駐車場がある（無料・トイレあり）。

■登山適期

ベストはミヤマキリシマが満開となる6月上旬で、段原、山頂、北大船山、平治岳にかけて圧巻。紅葉は山頂付近が10月初旬～中旬。

■アドバイス

▽雨ヶ池手前の涸れ谷と周辺は２００５（平成17）年7月の集中豪雨による大崩壊地があり、通行の際は指導標に忠実にしたがうこと。

▽宿泊は法華院温泉山荘（通年営業１泊２食付１０５００円～。要予約。入浴は５００円）、シン・あせび小屋（通年営業・２０名収容。素泊まり５５００円。要予約）がある。法華院山荘にはテント場も用意されている。

大船山から鉢窪へ広がる紅葉。この景色を立中山から味わう

テント泊の聖地・坊がつる。テントの軽量化などで年々若い利用者が増えている

秋の雨ヶ池一面に咲くヤマラッキョウ。後方に平治の山頂を望む

CHECK POINT

1 九重登山口にある長者原ビジターセンター。登山前の予習や登山後の復習に、大いに活用したい施設だ。タデ原の自然観察会も行なっている

2 樹林帯を抜けてふと振り返ると、登山口が小さく見える（登山口の背後は泉水山、その奥は涌蓋山）

3 雨ヶ池東方の見晴らしヶ丘からは、ラムサール条約登録湿地の坊がつる全体が見渡せる（正面は立中山）

4 段原への登路に咲くツクシドウダン。花との出会いは、登山道でほっと安らぐ瞬間だ

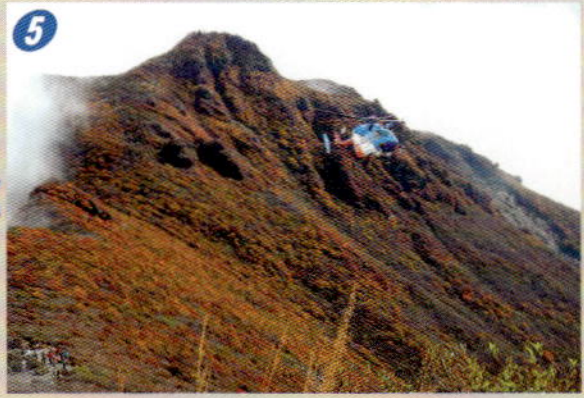

5 この日は段原付近に救助ヘリ出動していた。登山者が多くなれば、そのぶん事故も増える

6 硫黄山の煙で観天望気。まっすぐ上がれば晴れは続く（大船山山頂にて）

法華院の観音堂。法華院は1300年代から続く天台宗の霊場だった

▽長者原から諏峨守越、坊がつるのコースもとれる（2時間10分）。ミヤマキリシマの花期なら、山頂から北大船山、大戸越を経て平治岳（41ジペー）とセットで登ってもいい。北大船山（30分）大戸越（30分）平治岳。

■問合せ先

九重町商工観光・自然保護課☎0973・76・2111、竹田市久住支所☎0974・76・1111、長者原ビジターセンター☎0973・79・2154、JR豊後中村駅☎0973・77・6824、九重町コミュニティバス☎0973・76・3807、亀の井バス☎0977・23・0141、九州産交バス予約センター☎096・354・4845、みやまタクシー（九重町）☎0973・78・8822、法華院温泉山荘☎090・4980・2810、シン・あせび小屋☎080・9088・5963

■2万5000分ノ1地形図

大船山・湯坪

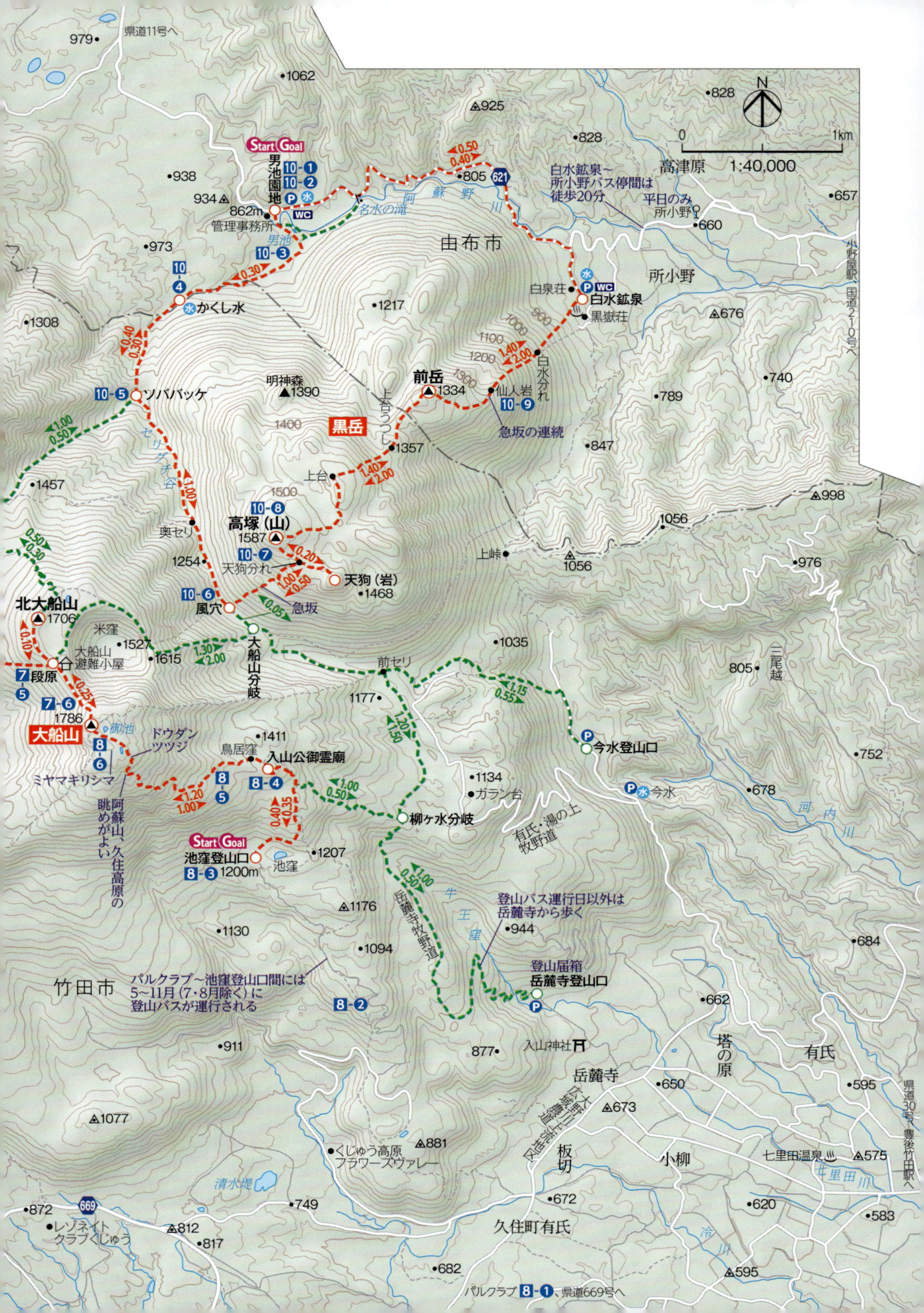

県道11号へ
Start Goal
男池園地
10-1
10-2
862m
管理事務所
男池
10-3
名水の滝
阿蘇野川
621
由布市
10-4
かくし水
0.30
0.40
0.30
10-5
ソババッケ
明神森
1390
セリグチ谷
1.00
1.00
0.50
1217
前岳
1334
黒岳
上台うつし
1357
1.40
2.00
上台
仙人岩
10-9
急坂の連続
白水分れ
白泉荘
白水鉱泉
黒嶽荘
0.50
0.40
805
白水鉱泉～所小野バス停間は徒歩20分
平日のみ
所小野
660
所小野
高津原
1:40,000
0
1km
N
828
925
小野屋駅・国道210号へ
676
740
789
847
998
1056
上峠
976
1035
805
三尾越
高塚（山）
1587
10-8
10-7
天狗分れ
0.20
天狗（岩）
1468
1.00
0.50
急坂
10-6
風穴
0.05
奥セリ
1254
1457
1308
973
938
934
1062
979
北大船山
1706
米窪
1527
1615
1.30
2.00
大船山分岐
大船山避難小屋
段原
7-5
7-6
0.10
0.25
1786
大船山
御池
8-6
ドウダンツツジ
ミヤマキリシマ
阿蘇山、久住高原の眺めがよい
1411
鳥居窪
入山公御霊廟
8-5
8-4
1.20
1.00
0.40
0.35
Start Goal
池窪登山口
8-3
1200m
池窪
1207
前セリ
1177
1.20
1.50
1.15
0.55
今水登山口
今水
1134
ガラン台
1.00
0.50
柳ヶ水分岐
有氏・湯の上牧野道
岳麓寺牧野道
1.00
0.50
牛王窪
登山バス運行日以外は岳麓寺から歩く
944
登山届箱
岳麓寺登山口
河内川
752
678
684
662
塔の原
有氏
595
県道30号・豊後竹田駅へ
1176
1130
1094
竹田市
パルクラブ～池窪登山口間には5～11月（7・8月除く）に登山バスが運行される
8-2
911
877
入山神社
岳麓寺
650
673
大分川・久住連山展望道
1077
881
くじゅう高原フラワーズヴァレー
清水堤
749
板切
小柳
七里田温泉
575
七里田川
672
620
583
872
669
レゾネイトクラブくじゅう
812
817
久住町有氏
冷川
682
595
パルクラブ 8-1、県道669号へ

湯布院市街へ
吉部
県道11号へ
暮雨茶屋
Start Goal
吉部登山口
920m
ゲート
林道を歩いてもいいが、距離が長いのがネック
豊後中村駅、九重ICへ
長者原温泉
白水川
奥郷川
やまなみハイウェイ
急坂
9-1
大船林道
2023年12月現在通行止め
台の山
9-2
暮雨の滝
登山道入口
ハリギリ、ミズキ、ミズナラ、カツラ、マンサク
泉水山へ
レストハウス・観光案内所
長者原ビジターセンター
1035m
九重登山口みやま（くじゅう登山口）
7-1
タデ原湿原
長者原
法華院温泉高原テラス
九州自然歩道
湯沢台地
鳴子川
9-6
平治の尾根
9-4
9-5
平治岳
Start Goal
寒ノ地獄温泉
星生温泉
牧ノ戸温泉
星生
九重町
7-2
大崩壊地
ミズナラ
見晴らしヶ丘
雨ヶ池
7-3
雨ヶ池越
林道終点
大船林道
マンサク
南峰
急坂
大戸越
指山
分岐に指導標
北峰
9-3
三俣山
鉱山道
坊原
南峰
キャンプ場
林道合流点
赤池
吉部分岐
坊がつる
大曲
牧ノ戸峠へ
落石注意
西峰
素泊まり
シン・あせび小屋
避難小屋
7-4
諏蛾守越
硫黄山
北千里浜
法華院温泉山荘
立中山
星生山
牧ノ戸峠へ
牧ノ戸コース
西千里浜
鉾立峠
天狗ヶ城
中岳
扇ヶ鼻分岐
星生崎
久住分かれ
御池
池ノ小屋
白口岳
肥前ヶ城
空池
佐渡窪
扇ヶ鼻
久住山
三ッ池
鍋割峠
瀬の本へ
神明水
稲星山
稲星越
九州自然歩道
鳴子山
赤川コース
南登山道
本山登山道
鳴子谷
くたみ岐れ
本山ノ滝
出水平
七曲り
沢水展望台
7 は07大船山①のCHECK POINT番号です
8 は08大船山②のCHECK POINT番号です
9 は09平治岳のCHECK POINT番号です
10 は10黒岳のCHECK POINT番号です

08 大船山② 岳麓寺コース

殿様も愛した山で阿蘇に連なる草原美に酔いしれる

たいせんざん　がくろくじこーす　1786m

日帰り

歩行時間＝3時間35分
歩行距離＝4・5km

技術度　体力度

コース定数＝14

標高差＝586m

累積標高差　577m（登り）　577m（下り）

北大船山から望む大船山。この時期くじゅう連山は登山者の最盛期を迎える

大船山南面の竹田《たけた》市久住《くじゅう》町岳麓寺地区からのコースは公共交通機関がないため、マイカーでのアクセスだったが、近年、竹田市観光ツーリズム協会により、5～11月（7・8月除く）の間は標高1200㍍地点の池窪《いけくぼ》登山口まで登山バスが運行されるようになった。くじゅう連山は東南にすそ野が広いので、東や南の登山口を利用するとどうしてもアクセスが長くなるが、この登山バスを利用することで、短い時間で山頂に立てるようになった。今回はこれを利用して大船山頂を踏むコースを紹介する。

登山バスは久住町有氏《ありうじ》地区のパルクラブ「大地《だいち》乃湯」から出発する。大船山のすそ野をバスに揺られること約20分で、終点

■鉄道・バス

往路・復路＝JR豊肥本線豊後竹田駅からタクシーでパルクラブへ。登山バスに乗り換え池窪登山口へ。バスは7時半から（帰りの便は14時から）1時間おきに3便運行。1回の定員は16名までで、事前予約が必要となっている。登山バス運行日以外はタクシーで岳麓寺登山口へ。

■マイカー

瀬の本までは26㌻を参照。瀬の本から国道442号・県道669号、大野川上流地区広域農道などでパルクラブへ。ここで先述の登山バスに乗り換える。登山バス運行日以外はさらに先の岳麓寺集落へ進み、左の舗装林道を通って岳麓寺登山口へ。

■登山適期

キスミレの開花は4月上旬～中旬。肩（南側）から山頂のミヤマキリシマ群落は6月上旬が満開。紅葉は10月上旬～中旬にかけて最盛期。

■アドバイス

▽登山バスは天候によって運行を取り止めることがあるのと保険を掛ける都合で、事前に竹田市観光ツーリズム協会に問合わせをして、運行状況の確認をしておこう。

▽登山バスの運行日以外は、岳麓寺登山口が起点となる。牧野のゲート脇から中に入り、舗装道路を道なりに登っていく。柳ヶ水分岐を左にとり、しばらく登ると紹介コースの池

の**池窪登山口**に到着する。登山口から登山道を進む。池窪を西から北に回りこむように登っていくと、岳麓寺からの道が右から合流する。左の大船山方向に進むとすぐに分岐があり、左にとると、**入山公《にゅうざん》の御霊廟《おたまや》**がある。これは岡《おか》藩中川《なかがわ》家三代藩主・中川久清《ひさきよ》公のお墓で、この標高（約1300メートル）に、これだけの大きなお墓を建立された当時の殿様の権威に圧倒される。竹田市の発表では、「日本一高い場所に建立されている殿様のお墓」だという。隠居後、入山公と名乗ったほどの山好きのアルペン大名は、剛力の背に鞍を背負わせる人鞍で、キセルでタバコをふかしながら、すそ野に広がる久住高原の広大な景色を楽しんだことであろう。この墓所は地元の高校生やボランティア団体により、年に何度か整備されている。入山公はこの地から居城であった岡城を、今も眺めている。

御霊廟の上部には鳥居窪《とりいくぼ》とよばれる平坦な場所があり、久清公が軍事訓練をした場所として伝えられている。樹林帯の中を進み、目指す大船山の頂が見えはじめると、眺望が開けてくる。6月のミヤマキリシマ、紅葉の時期には山頂直下にある御池の

↑錦絵のごとき大船山・御池の紅葉。この風景を拝みに秋の登山者が近年多い

→大船山頂より望む坊がつる越しの三俣山は威風百々とした山容だ

窪からの道と合流する。なお、このコースを歩く場合は、牛と相性の悪い犬を連れた登山は、放牧期間中（5～11月）にはしないこと。牛が犬を追い回すなど、事故の要因ともなりかねない。牛が塩分を求めて人にすり寄ってくることもあるが、決して大騒ぎしないこと。

▽周遊コースは大船山（25分）段原（1時間30分）大船山分岐（1時間20分）柳ヶ水。ただし米窪火口壁の道はミヤマキリシマがのびて登山道が極端に狭く、登山者同士の離合もままならない。衣服の損傷も多い。

▽登山バス発着所となるパルクラブは宿泊棟やレストラン、温泉がある複合施設。

■**問合せ先**

竹田市久住支所☎0974・76・1111、JR豊後竹田駅☎0974・62・2318、竹田市バス☎0974・63・4801、竹田合同タクシー☎0974・63・4141、中央タクシー☎0974・63・3939、国際観光交通（タクシー）☎0974・63・3131、久住観光タクシー☎0974・76・1101（タクシーはすべて竹田市）、竹田市観光ツーリズム協会（登山バス）☎0974・76・1610、パルクラブ☎0974・77・2941

■**2万5000分ノ1地形図**

大船山・久住

＊コース図は36・37ジペーを参照。

↑国指定天然記念物である大船山山頂付近のミヤマキリシマ。これは珍しいアルビノ

→山頂より西を眺望すると、くじゅうの1700㍍級の山々が6座も鎮座する

水面に映る錦絵を、冬には氷結した池の上での写真撮影など、四季を通じて楽しめる場所である。山頂一帯のミヤマキリシマは国の天然記念物に指定されているが、近年ノリウツギが繁茂し、景色が以前ほど見えなくなっていた。地元の有志が環境省から許可を得てノリウツギを間伐し、ミヤマキリシマに太陽をあてることで、減少を食い止めようとしている。冬の降雪量の減少や地球温暖化はくじゅうの1700㍍級の山々にも、確実に影響を及ぼしている。「花の百名山」大船山は、多くの人の力によって維持されている。

登り着いた**大船山**の山頂は思いのほか狭く、切り立った場所もあるので気をつけよう。

帰りは来た道を戻ることになるが、バスの時間が決まっているので、時間に余裕をもって山頂をあとにしたい。

（弘蔵岳久）

CHECK POINT

1

登山バスの発着点となるパルクラブ。近くに足湯もあるので待ち時間も苦にならない

2

登山バス車中からの風景。カーブを曲がるたびに高度が上がっていく（左は祖母・傾山地、右は阿蘇山）

3

標高約1200㍍の池窪登山口。登山バスはここまでで、ここから山頂に向けて歩きだす

4

入山公御霊廟。標高1300㍍の山中にあるとは思えないほどの立派な墓で、当時の殿様の権威が偲ばれる

5

振り返ればなだらかな高原が広がる。❷のバスの車中からよりも明らかに高い場所にいるのがわかる

6

一面の紅葉に彩られる秋の御池。絶句してしまうほどの風景は、歩いてきてよかったと思う瞬間だ

↑平治岳の山頂付近がミヤマキリシマで赤く色づきはじめると、テント泊の登山者も急増する

←紅葉の鳴子橋付近。坊がつるの水は遠く有明海まで注がれる

09 平治岳

ひいじだけ 1643m

ミヤマキリシマに彩られた、人々を魅了する山

日帰り

歩行時間＝6時間
歩行距離＝11・3km

技術度 ★☆☆☆☆
体力度 ★★☆☆☆

コース定数＝23
標高差＝723m
累積標高差 ↗785m ↘785m

坊《ぼう》がつるの北東に位置する双耳峰の平治岳。国立公園内にあって、近年これほど人の手によるミヤマキリシマの保護活動が進められている山はほかにはない。中腹の大戸越から上部がピンク色に染まっていた昭和30年代、その後地球温暖化の影響でノリウツギが繁茂し、徐々にミヤマキリシマの生育面積が減ってきていたこの山に、多くのボランティアや大学生が参加し、花のじゅうたんを取り戻す努力が続けられ、花の最盛期には、多くの登山者から歓声があがるほどの絶景の山に戻りつつある。

主な登山口は北面の吉部《よしぶ》と北東の男《お》池の2つだが、どちらも公共の交通機関がないので、車かタクシーの利用となる。帰路の安心感の高さから、今回は吉部登山口からの往復コースを紹介する。

行きは暮雨《くらぞめ》コースを選択する。**吉部登山口**で登山届に記入し、その脇から杉林の中を歩く。ほどなくスギの根が露出した急坂となるが、足をすべらせないように注意しながら、マーキングを頼りに登っていく。やがて緩斜面が続くようになり、水音が近くに聞こえ出すと、**暮雨の滝**の看板が目に留まる。この滝は冬には氷瀑する滝として知られ、その他の季節は清涼感たっぷりのパワースポットとなっている。

スズタケの道からミズナラの道へと変わり、運搬車が通る道沿いに進む。**林道終点**を経て坊がつるの看板から**坊がつる**の湿原の中を横断して**避難小屋**へ。ここから北の平治岳方面に進路をとる。

アセビのトンネルを抜け、ぽっかりと空が開けた場所の赤《あか》池に出る。木道を渡ってさらに進むと、**大船《たいせん》林道からの道が合流**する。この先は斜面がきつくなり、すべりやすい黒土の登山道をつづら折れに登っていく。

＊コース図は36・37ページを参照。

ミヤマキリシマに彩られる平治岳。この絶景に会うために毎年多くの登山者が押し寄せる

大戸越《おおとごし》の峠は、男池登山口からソババッケ経由で登ってきた道と大船山からの道との合流点。ここでしばし休憩をとったら、平治岳に向かって右側の登りルートを選び、急斜面を登っていく。平治岳の南峰《なんぽう》に出て、さらに10分ほどの場所に**本峰**がそびえる。この峰の間はまさに「天空のお花畑」で、ピンクに染まるミヤマキリシマの絨毯を楽しみに、全国からやってきた登山者を魅了する。

帰りは南峰から下りルートを選択するが、非常にすべりやすい場所が多いので、足もとに注意をはらって下っていくこと。

大戸越から往路の**大船林道からの道の合流点**まで戻り、右下に入る。トラバース道を下ると、やがて**大船林道**に出る。ここから林道を1キロくらい進むと、白いガードレールのついた橋がある。ここを通過すると、まもなく左側にテープと石が目印となる林間の**登山道入口**が見える。ここからも林道を歩き続けてもよいが、5キロ近くあるので、林間の山道を選択して、ミズナラが林立する中を大船林道入口のゲートを目指す。

この林道終点から林道ゲートへの道は、秋には紅葉のトンネルとなり、多くの写真愛好家が訪れる。また近年はシカが増えており、出くわすこともしばしばだ。

ゲートを抜けると**吉部登山口**はもうすぐだ。　（弘蔵岳久）

■**鉄道・バス**
往路・復路＝JR九大本線豊後中村駅かJR久大本線由布院駅からタクシーで吉部登山口へ。

■**マイカー**
大分道九重ICから国道210号、県道40・621号、または大分道湯布院ICから国道210号、県道11号（やまなみハイウェイ）で飯田高原へ向かい、吉部集落を抜けて吉部登山口へ。農地を整地した駐車場（有料）がある。大船林道は一般車の乗り入れ禁止。林道ゲート手前の路上は作業や緊急車輌の通行の妨げとなるので絶対に停めないこと。

■**登山適期**
暮雨の滝から上流の渓谷沿いと坊がつる北端のマンサクの花は3月中旬が見ごろ。5月中旬の大船林道終点付近のミツバツツジの花も見逃せない。平治岳山頂一帯のミヤマキリシ

寒い時期に登山道の「一人一石運動（43ページ「アドバイス」参照）」の準備が進められる

植生保護のため活躍する学生たち。山中の活動は人の数がものをいう

CHECK POINT

吉部登山口から歩きはじめると、ほどなくスギの根が露出した急坂となる。スリップに注意して進もう

暮雨の滝（落差5メートル・幅8メートル）の氷瀑。寒気の強さと水量によって毎年違った表情を見せる

坊がつるに入ると、正面に白口岳、九重山最高峰の中岳、天狗ヶ城の3座が目に飛びこんでくる

平治岳の山頂から西側の三俣山側を見ると、満開のミヤマキリシマの中を登山者が連なっている

水田に水が張られた北面の飯田高原・千町無田（平治岳山頂から）

樹木だけではなく、道も紅葉する大船林道を歩いていく

マは6月上旬が満開。一面が緑に包まれる坊がつるは夏の早朝がいちばんだ。ススキの穂が出そろうのが9月上旬、紅葉は10月上旬～中旬が見ごろとなる。

■アドバイス

▽水場は登山口から60メートルのところに湧水がある（年中可）。

▽山頂から北側の平治の尾根を通って大船林道に下るコースは、2016年の熊本地震の影響で通行止めとなっている。

▽坊がつるの避難小屋前の分岐の先にある石積みは、「九重の自然を守る会」がよびかけている一人一石運動のもの。余裕がある人は、手に石をもって決められた区間に石を置き、登山道の保全にご協力願いたい。

▽東面の男池から大戸越に上がるコースもある。男池（2時間10分↓↑1時間50分）大戸越。

■問合せ先

九重町商工観光・自然保護課☎0973・76・2111、竹田市久住支所☎0974・76・1111、長者原ビジターセンター☎0973・79・2154、JR豊後中村駅☎0973・77・6824、みやまタクシー（九重町）☎0973・78・8822、みなとタクシー（由布市）☎0977・84・2141

■2万5000分ノ1地形図

大船山

10 黒岳

くろだけ
1587m（高塚山）

神秘的な原生林や巨岩、そして湧水。山の素材を楽しむ

日帰り

歩行時間＝7時間40分
歩行距離＝11・0km

技術度 ▲▲▲
体力度 ♥♥

コース定数	＝26
標高差	＝864m
累積標高差	↗1014m ↘1014m

↑巨岩が重なる天狗のピーク付近

←西面からの黒岳（左が高塚、右が天狗のピーク）。秋には紅葉の山として人気が高い

水在るところに人は住む——。くじゅう連山の北東に位置する黒岳は、環境省選定「名水百選」の男池《おいけ》から湧き出る豊富な湧水によって、阿蘇野《あその》地域（由布《ゆふ》市）をうるおし、やがて大分《おおいた》川、別府《べっぷ》湾へと注ぐ。

日本全国に数ある黒岳同様、その黒々とした原生林の山容からついた山名といわれる。頂上付近の「みいくぼ」とよばれる火口跡の周囲には、西に最高点の高塚《たかつか》（山《やま》）、東に天狗《てんぐ》（岩）、北東に前岳《まえだけ》など5つのピークがあり、その総称として「黒岳」とよばれている。

■鉄道・バス

往路・復路＝JR久大本線豊後中村駅または同線の小野屋駅からタクシーで男池園地へ。下山時は白水鉱泉からタクシーを利用して豊後中村駅または小野屋駅へ向かってもよい。白水鉱泉北東の所小野から小野屋駅（JR久大本線天神山経由）へ由布市コミュニティバスがあるが平日のみの運行で、しかも上りは早朝便しかないので、登山には使えない。白水鉱泉～所小野バス停間は徒歩約20分。

■マイカー

大分道九重ICから県道40号、国道210号、県道40・621号で男池園地の駐車場（トイレ・売店あり）へ。駐車場は150台以上が停められるが、ゴールデンウイークや紅葉シーズン中は満車になる。早い時間に駐車したい。

■登山適期

全山が萌黄色に染まる4月中旬～下旬。新緑とツクシシャクナゲの花の競演は5月上旬～中旬。全山の紅葉は10月中旬～下旬で、冬枯れの山も味わい深い。

■アドバイス

▽男池園地へのアクセス路となる県道621号は道幅が狭いので、運転に注意する。また冬期は降雪のため、スタッドレスタイヤなどすべり止め対策は万全に。

▽距離・歩行時間ともに長いコース

ここでは、連山の中でも山体と集落が最も近いこの山へ、ミヤマキリシマの時期には平治岳《ひいじだけ》に登る登山者でにぎわう男池園地を起点に、1日かけて楽しむ。春先のシャクナゲや紅葉の見どころも多くあり、湧き出る水や原生林も堪能できる、くじゅう連山でも歩きごたえのあるコースだ。

公共の交通機関がないので、JR久大《きゅうだい》本線豊《ぶん》後中村《ごなかむら》駅からタクシーを利用して登山口の**男池園地**を目指す。無料の駐車場も広く、トイレ、売店も整備されている。

清掃協力金（100円）を納め、遊歩道を進み、阿蘇野川に架かる男池橋を渡る。男池湧水地まで続く木道は、水汲みや観光の人も多く、このあたりは登山者と混在している。

であり、とくに秋は日の陰りが早いので、日が差さない樹林帯は登山道がわかりづらく、道迷いをする率が高くなる。ライトは必需品だ。

▽風穴から天狗（岩）・高塚（山）の分岐への急な登りはコース最大の難所で、転石や落石に注意。

▽登山口の男池園地には駐車場やトイレ以外に売店の「男池茶房」がある（2023年12月現在休業中）、食事もできる。男池園地では、毎年4月29日に山開きが行われる。

▽紹介コース以外に南東の今水からは、前セリを経て紹介コースの風穴に合流するコース（風穴まで登り1時間20分、下り1時間）もある。

▽下山地の白水鉱泉は、日本では珍しい純粋な天然炭酸水の鉱泉（単純二酸化炭素泉）。黒嶽荘は鉱泉水を使用した天然炭酸水そうめんが名物。

■問合せ先

由布市商工観光課☎097・582・1111、竹田市久住支所☎0974・76・1111、みやまタクシー（九重町）☎0973・78・8822、久大亀の井タクシー小野屋営業所☎097・582・3477、由布市コミュニティバス☎097・582・1111、黒嶽荘（白水鉱泉）☎097・585・1161

■2万5000分ノ1地形図

大船山

＊コース図は36・37ページを参照。

黒岳が育む森からの水を落とす名水の滝。マイナスイオンを肌で感じよう

登山口から徐々に高度を上げて行く。途中**かくし水**《みず》と表記された場所でひと息つこう。そこから急坂を登り、下に見えてくるのが**ソババッケ**だ。蕎麦《そば》畑に由来するこの地は、このコースの分岐点のひとつ。右に進路をとれば、大戸越《おおとごし》方面から平治岳へとつながっている。

今日は左に進み、岩のゴロゴロしたセリグチ谷を通って風穴《ふうけつ》を目指す。**風穴**は岩と岩の隙間で、冷風が通り夏でもひんやりとしている。ライトを灯して、中を探検してみてもいい。

今水《いまみず》・岳麓寺《がくろくじ》歩面から来た道と接合し、左の黒岳方面に進路をとる。小石が転がる足もとに細心の注意を払い、急登を小1時間ほど登ると、やがて高塚と天狗の分岐となる天狗分《わか》れにたどり着く。

ここから右に、**天狗（岩）**までを往復する。大きな岩が積み重なっている頂が本日の第一峰・天狗(岩)で、しばし阿蘇山《さん》や祖母山《そぼさん》の景色を楽しむ。

天狗をあとに天狗分れまで戻り、次は黒岳の最高到達点、第二峰目の**高塚（山）**へ。ここでは飯《はん》田《だ》高原の千町《せんちょう》無田《むた》の景色を眺める。ここから男池に引き返す登山者が多いが、黒岳を楽しむために、上台《じょうだい》、上台うつし、そして第三峰の前岳を目指す。

高塚からは、脚力勝負で急勾配の下り坂を下降する。上台うつしで気を抜くことなく、**前岳**へ。足の疲れをとり、急な下り坂を再び降りていく。道標が短い間隔でつけられており距離感が失われることはないが、ほとんどが樹林帯の中なので、雨や霧の日などは注意が必要となる。

白水《しらみず》分れの標識を白水の方に進み、**白水鉱泉**へたどり着く。ここで炭酸泉の水を楽しみ、県道621号田野《たの》庄内《しょうない》線を3キロほど登っていくと、起点の**男池園地**に戻り着く。途中2・5キロのところに名《めい》水《すい》の滝があり、ここからは男池湧水地まで遊歩道が整備されているので、滝のマイナスイオンで疲れをとり、この道を通って男池園地に戻ってもいい。

（弘蔵岳久）

石を取りこむケヤキに時の流れを感じる

風穴の入口。中は真っ暗なのでライトが必要

CHECK POINT

1

黒岳山開き（4月29日）の頃と紅葉のピークの時期には大渋滞する男池園地の駐車場

2

男池園地の一角にある管理事務所。ここで清掃協力金の100円を払い登山がスタートする

3

こんこんと水が湧き出る男池湧水地（名水百選）。周囲はデッキが整備されている

4

歩きはじめて30分、おいしい水の「かくし水」に着く。水が豊かな黒岳の恵みを味わっていこう

5

一風変わった地名のソババッケは、蕎麦畑に由来する。こんな奥地にも人の営みがあったのだ

6

風穴で岳麓寺からの道と合流する。ここからは黒岳への急登がはじまる。足もとに要注意の道だ

7

急斜面を登りきると天狗分れに出る。まずは右に進み、天狗（岩）を往復してこよう

8

高塚（山）の山頂から眼下に望む阿蘇野集落。川の流れに沿って田んぼが開けているさまがわかる

9

前岳から下るとまもなく仙人岩に出る。本当に仙人が出てきそうな雰囲気が漂う場所だ

11

黒岩山・泉水山

くろいわやま
せんすいざん

くじゅうの山々を眺めながら歩く手頃な縦走路

1503m
1447m（上泉水山）

日帰り

歩行時間＝3時間50分
歩行距離＝7・5km

技術度 ▲▲▲▲▲
体力度 ♥♥♥♥♥

コース定数	＝15
標高差	＝468m
累積標高差	↗ 575m ↘ 575m

↑牧ノ戸峠から黒岩山(左)、上泉水山(中央やや左)、下泉水山(中央やや右)へと続く尾根。さまざまな景色が楽しめる快適な縦走路だ(中央奥は涌蓋山)

←大崩ノ辻分岐付近からは眼下に長者原温泉郷のジオラマが広がる。奥はタデ原湿原

長者原《ちょうじゃばる》の九重《くじゅう》登山口から温泉の蒸気が出ている方向に目を向けると、長く続いた尾根が見える。やまなみハイウェイを挟んで、くじゅう連山の中心部分からは外れるが、周遊コースとしては楽しめる山域だ。その中にあるピークが黒岩山と泉水山である。

九重登山口みやまバス停～牧《まき》ノ戸《と》峠間はバスの便数が限られているため、九重登山口から九州自然歩道を牧ノ戸峠まで歩くことにする。やまなみハイウェイと並行して歩き、九重観光ホテルの入口上でハイウェイを横断すると、アセビなどの樹林帯の道となる。傍らには、阿蘇《あそ》の大噴火のパワーを感じる巨岩がある。

標高差約300㍍《メートル》の登りを1時間ほどで**牧ノ戸峠**にたどり着き、その先の階段を北へ。あずまやまではアスファルトの道が続き、それからほどなく急な登りとなる。

黒岩山の山頂から東に下ってクマザサやススキの間を抜けていくと、20分ほどで大崩ノ辻《おおくえんつじ》分岐に出る。眼下には長者原温泉郷の各施設がジオラマのように見え、その向こうにはタデ原《はら》湿原が広がっている。

■鉄道・バス

往路・復路＝JR久大本線豊後中村駅から九重町コミュニティバスで九重登山口みやまへ。一部のバスはJR久大本線豊後森駅発で、豊後中村駅を経由する。またはJR久大本線由布院駅から亀の井バス・九州産交バス（九州横断バス・要予約）でくじゅう登山口へ。九州横断バスの一部はJR日豊本線別府駅発着。

■マイカー

大分道九重ICから国道210号、県道40・621・11号（やまなみハイウェイ）で長者原へ。または大分道

CHECK POINT

九重観光ホテル上の自然歩道入口。車道を横切る際は車に要注意

牧ノ戸峠駐車場。週末は季節を問わず満車になることが多い

黒岩山への急登が終わり振り返ると、牧ノ戸峠がはるか向こうに見えている

下泉水山から下るとぱっと視界が開ける。この斜面も野焼きのおかげできれいだ

分岐からしばらくは登山道の右側は断崖になっている場所が多く、ススキに足をとられて滑落することのないよう、注意が必要だ。泉水山最高点の**上《かみ》泉水山**を通過すると急坂となるので、ステップに注意をしながら降りる。

アセビの樹林帯を少し登り返すと**下《しも》泉水山**のプレートがあり、この大岩の上に立つ。本日3つ目の山頂だ。

ここからアセビの木をうまく使いながら、階段状の山肌を下りていく。ぱっと視界が開けた場所から右に進路をとり、山際を下る。最後に急傾斜の草地を下り、キャンプ場跡を抜けて橋を渡ると、長者原の園地に出る。**九重登山口みやまバス停**へは車道を右に進む。

（弘蔵岳久）

湯布院ICから国道210号、県道11号（やまなみハイウェイ）で長者原へ。長者原に広い駐車場がある（無料・トイレあり）。

■登山適期

春の訪れを告げる泉水山山麓やタデ原の野焼きは3月下旬で、キスミレの花で斜面が黄色く染まるのは4月中旬。とくに下泉水山の群落は壮観。ミヤマキリシマやイワカガミ、コケモモ、マイヅルソウの開花は6月上旬～中旬。紅葉は10月中旬～下旬。

■アドバイス

▽水場がないので出発前に充分用意すること。

▽大崩ノ辻分岐から大崩ノ辻往復は約20分。「辻」は山頂北西尾根に崩壊地があることによる。ツクシシャクナゲの群落がみごと。

■問合せ先

九重町商工観光・自然保護課☎0973・76・2111、長者原ビジターセンター☎0973・79・2154、JR豊後中村駅☎0973・77・6824、九重町コミュニティバス☎0973・76・3807、亀の井バス☎0977・23・0141、九州産交バス予約センター☎096・354・4845、みやまタクシー（九重町）☎0973・78・8822

■2万5000分ノ1地形図

湯坪

沓掛下からの猟師岳（左）と合頭山。背後に八丁原地熱発電の蒸気が見える

12 オオヤマレンゲに出会えるハイキングコースを行く 猟師岳・合頭山

りょうしだけ 1423m
ごうとうさん 1390m

日帰り

歩行時間＝3時間30分
歩行距離＝6・9km

技術度

体力度

コース定数＝13

標高差＝274m

累積標高差 427m 427m

秋の瀬の本から望む猟師岳と合頭山

九重山《くじゅうさん》と涌蓋山《わいたさん》の間にあるのが、猟師岳と合頭山だ。猟師山北面には、九州最大規模を誇る九重森林公園スキー場がある。1996（平成8）年12月、地球温暖化が叫ばれはじめて冬場の降雪量が減少し、九州でスキー場の開設・経営は難しいといわれながらオープンしたが、25年をすぎた今、雪が少ない年には本州のスキー場から視察が来るほどに、その降雪技術力はアップしている。ここでは、スキー場の駐車場を起点に2山に立つハイキングを楽しむ。

九重森林公園スキー場の**駐車場**から県道を阿蘇《あそ》側に進むと左手に猟師岳への林道があり、その道を登りはじめる。しばらく登るとスキー場のゲレンデからきた遊歩道と合流する。5月から6月にかけては「山の貴婦人」オオヤマレンゲに出会えるチャンスとなるので、この時期はとくにおすすめだ。

ほどなく猟師岳への登山道に入り、背後に広がるスキー場や涌蓋山の風景を眺めたり、阿蘇の五岳《ごがく》を眺望しながら登っていく。

猟師岳の山頂を経て**スキー場分岐**から合頭山方面へ。**合頭山分岐**からは南北に同じような高さと姿

■鉄道・バス
往路・復路＝JR久大本線豊後中村駅からタクシーで九重森林公園スキー場へ。
■マイカー
大分道九重ICから県道40号で九重森林公園スキー場へ。または大分道湯布院ICから国道210号、県道11・621・40号で九重森林公園スキー場へ。広い駐車場（無料）とトイレ、水道がある。
■登山適期
通年登れるが、5〜6月のオオヤマレンゲの頃や、秋もおすすめ。
■アドバイス
▽歩き足りない人は、スキー場反対斜面の一目山（1287メートル）を往復してもいい（約40分・詳細は52ページ）。
▽スキー場は4月から11月の期間は九重森林公園として営業している。5月はシャクナゲ、6月にはミヤマキリシマなどの花が楽しめる。
▽合頭山分岐から東に10分ほど下るとやまなみハイウェイに出られるが、最寄りとなる牧ノ戸峠からのバスの便が少ない。
▽周辺には筋湯をはじめとする「九重九湯」があり、立ち寄り入浴から宿泊まで幅広く利用できる。問合せは九重町観光協会へ。
■問合せ先
九重町商工観光・自然保護課☎0973・76・2111、九重町観光協

の山が並び、最も北に位置するのが**合頭山**の山頂だ。ここからは牧《まき》ノ戸《と》峠とその周りにくじゅうの山々が見え、360度のパノラマも楽しめる。このコースの山頂付近はササやカヤの中を歩くので、なんとも心地よい。

合頭山分岐まで戻り、往路を引き返す。**スキー場分岐**からスキー場のゲレンデを歩いてもよいが、開設期間（12月から3月）はスキー客でにぎわっているので、事故を避ける意味からも、来た道を引き返した方がいいだろう。

（弘蔵岳久）

会☎0973・73・5505、長者原ビジターセンター☎0973・79・2154、JR豊後中村駅☎0973・77・6824、みやまタクシー（九重町）☎0973・78・8822、九重森林公園スキー場☎0973・79・2200

■2万5000分ノ1地形図
湯坪

CHECK POINT

九州最大の規模を誇る九重森林公園スキー場。この右側の林道を登っていく。スキー場のゲレンデ内を歩く道もある

「山の貴婦人」オオヤマレンゲ。この花に会うために、登山者だけでなく観光客も訪れる

猟師岳から合頭山分岐へ向かう。お隣の三俣山や星生山などのくじゅう連山とは趣の違う登山路だ

頭をのぞかせる猟師岳を背に、ササやカヤの中にミヤマキリシマが点在する道を歩く

北麓の地蔵原から見る涌蓋山。優しい山容をした「ふるさと富士」だ

13

涌蓋山

くじゅう連山の西に端正な姿を見せる「玖珠富士」

わいたさん
1500m

日帰り

歩行時間＝4時間15分
歩行距離＝12・0㎞

技術度

体力度

コース定数＝20	
標高差＝569m	
累積標高差	↗805m ↘805m

山腹から南東に九重山群を望む。九重山は「九州の尾根」に例えられる

九重《くじゅう》山群の最西端に位置し、熊本との県境をなす独立峰である。円錐形の端正な山容から、大分県側では「玖珠富士《くすふじ》」、熊本県側では「小国《おぐに》富士」と称される、ふるさと富士の山である。

大分県側からは複数のコースがあるが、ここでは南側の八丁原《はっちょうばる》を起点に、一目山《ひとめやま》、ミソコブシを経て山頂に立ち、東側の疥癬《ひぜん》湯に下山するコースを紹介する。

筋《すじ》湯バス停から県道を九電八丁原地熱発電所方面に向かって歩く。途中には鉱泥を吹き出す観光名所の小松《こまつ》地獄がある。発電所をすぎた先が**八丁原登山口**だ。

牧柵の横から舗装の牧野道に入ると、すぐ一目山に向けた登路が左に分かれる。草の斜面をひと登りで、文字通り四方がひと目で見渡せる、**一目山**の山頂だ。

山頂から西に向かって進み、牧野道と合流したら左にとり、尾根を進んでいく。目を引くのが、等高線さながらの縦縞模様。これは、放牧された牛が歩いた跡だ。

のどかな景色の中を進んで**ミソ**

■鉄道・バス

往路＝JR久大本線豊後中村駅から九重町コミュニティバスで筋湯へ。タクシーの場合は豊後中村駅から八丁原登山口へ。

復路＝ひぜん湯から九重町コミュニティバスで豊後中村駅へ。

■マイカー

大分道九重ICから県道40号で疥癬湯へ。または大分道湯布院ICから国道210号、県道11・621・40号で疥癬湯へ。疥癬湯に約20台が停められる有料駐車場がある。筋湯へは徒歩約10分。約3キロ先の八丁原登山口にも駐車スペースがある。

■登山シーズン

通年登れるが、一面が緑に包まれる6月下旬～7月下旬がベスト。6月上旬～中旬のミヤマキリシマが咲く頃も見逃せない。草紅葉になる10月中旬～下旬にかけてが味わい深い。野焼きのあとに咲くキスミレをはじめ、夏のユウスゲ、秋のリンドウなどの草花の頃も捨てがたい。

■アドバイス

▽山中には水場がないので、出発前に充分用意すること。

▽危険箇所はまったくないが、牧野道が多いために道に迷わないよう、とくに濃霧時は要注意。また、コース中は草原でさえぎるものがないだけに、雷雨にも気をつけたい。

▽涌蓋山の東面は日本最大の出力を

女岳から北に見る涌蓋山。一条の道が山頂へ誘う

コブシへ。涌蓋山は目と鼻の先までに近づいてくる。ここから北に向かい、途中で右から疥癬湯からの道を合わせ、かつて湯坪《ゆつぼ》と小国を結んだ峠だった**涌蓋越**《ごし》へ。

牧野道脇から小道を進むと、しだいに展望が開け、女岳《めだけ》に出る。さらに北進し、南斜面をひと登りで**涌蓋山**の山頂に着く。広々とした草の台地からは、九重山群をはじめ阿蘇山《あそさん》や由布岳《ゆふだけ》、耶馬渓《やばけい》・津《つ》江《え》山地などが見渡せる。

山頂をあとに往路をミソコブシからの道との合流点まで引き返し、ひぜん湯コースに入る。電波塔の建つ石《いし》ノ塔《とう》を左に見ながら斜面を下り、途中林道を経てさらに下ると疥癬湯に出る。流れをまたいで車道に上がると**ひぜん湯バス停**がある。

（藤田晴一）

CHECK POINT

1 一目山やミソコブシ、涌蓋山への登山口。牧柵の横から取り付く

2 ミソコブシへの登り。見渡すかぎり牧歌的な景色が広がっている

3 西面の小国からの道が合流する涌蓋越。標柱にしたがい涌蓋山方面へ

4 草のスロープを登っていくと、広々とした好展望の涌蓋山山頂に到達する

誇る八丁原地熱発電所があるだけに、温泉に事欠かない。登山口付近の筋湯は打たせ湯が名物。

■問合せ先
九重町商工観光・自然保護課☎0973・76・2111、九重町観光協会☎0973・73・5505、長者原ビジターセンター☎0973・79・2154、JR豊後中村駅☎0973・77・6824、九重町コミュニティバス☎0973・76・3807、みやまタクシー（九重町）☎0973・78・8822

■2万5000分ノ1地形図
湯坪

14

由布岳① 正面登山口コース

ジグザグ道をたどって双耳の絶峰に立つ

ゆふだけ　しょうめんとざんぐちこーす

1583m（西峰）

日帰り

歩行時間＝4時間35分
歩行距離＝7・5km

技術度
体力度

コース定数	=19
標高差	=808m
累積標高差	905m 905m

由布岳は大分県中部に位置する由布鶴見《つるみ》火山群の主峰で、「豊後富士《ぶんごふじ》」の別名をもつ。キリリとした双耳の峰が際立つトロイデ型火山で、温泉リゾート・湯布院《ゆふいん》のシンボルであり、ランドマークともいえる山だ。

古くから霊峰としても崇められ、山麓には由布岳の神を祀る宇奈岐日女《うなぎひめ》神社が鎮座する。『万葉集』には「娘子《おとめ》らが放りの髪を木綿《ゆう》の山雲なたなびき家のあたり見む」ほか四首が詠まれる。

その山容からして存在感があり、遠くからでも一目瞭然に見てとれ、名実ともに眺めてよし、登ってまたよしの「ふるさと富士」である。

登山道は山腹の南西を登る正面登山口コースがよく整備されていて登りやすく、一般的だ。

別府《べっぷ》と湯布院間の路線バスに乗車し、由布登山口バス停下車。ここが**正面登山口**で、駐車場やトイレ、休憩舎、道をはさみ案内板と登山届箱がある。登山届を提出してから入山し、牧野《ぼくや》道を進む。行く手には目指す由布岳が大きい。

一条の道を歩いて牧野の外に出ると、登山口の物と同じ案内板が、その奥には休憩舎とトイレがある。右に分岐する道は由布岳東登山道に向けた、日向岳《ひゅうがだけ》自然観察路だ（60ページ「由布岳②」を参照）。

直進して、カエデやリョウブ、ミズナラの樹林帯を進む。最近まで生えていたコガクウツギの群落はすべて枯死し、今では手入れが行き届いた庭園かと見紛うほどの美林の道に変わっている。こうし

障子戸のクサリ場。三点確保の技術がものをいう

↑マタエ上部から望む由布岳最高点の西峰（1583メートル）。山頂に立つにはクサリのある障子戸の絶壁をよじ登る必要がある

→南側の温湯（ぬるゆ）牧野道から望む夏の由布岳。美しい双耳峰だ

た現象は他山の、とくに祖母《そぼ》山系の山が顕著で、スズタケの全滅によりブナの生育にも影響を及ぼしかねない状況が随所で見られる。

樹林帯を進んで谷筋の道を2つすぎた先で、**合野越**《ごうやごし》に着く。ここで湯布院町岳本《たけもと》の西登山口からのコースが合わさる。休憩するにはもってこいの空き地だ。南に見える円錐形の草山は由布岳の寄生火山である飯盛ヶ城《いもりがじょう》（1067メートル）で、昔、山城があったことによる山名だ。立ち寄る場合は往復30分ほど見ておこう。

合野越からは、ジグザグに切った道に変わる。登山者にとっては体力の消耗が少なくてすむ優しい道を、軽快に登っていく。

樹林帯を抜け視界が開く五合目あたりまで進むと、下方には由布院盆地、遠景には九重山《くじゅうさん》の連なりが望まれるようになる。

やがてジグザグの道が終わると傾斜の強い登りとなり、ここをひと登りで**マタエ**に着く。ここは由布岳の東西の峰を分ける基部（鞍部）で、そそり立った2つの山頂に向けて急傾斜の道がのびている。登りやすいのは東峰《とうほう》だが、礫岩の道は落石などで想定外の事故も発生しやすい。油断せず、細心の注意を払って登ること。一方の

火口壁を彩るミヤマキリシマ。ナイフエッジの先端にも花がびっしりだ

＊山頂部のお鉢めぐりは2016年の熊本地震により、崩落や地割れ、亀裂箇所がある。通過には細心の注意を払うこと。

由布院盆地の朝霧。霧は秋から冬にかけて発生するが、夏至は珍しい（蛇越展望台から）

西峰から望む東峰。急傾斜の道を登って山頂へ

東峰からの湯布院市街と倉木山（左）

最高点となる**西峰**《せいほう》には障子《しょうじ》戸《ど》とよばれるクサリ場があり、不慣れな人は避けた方が賢明だ。登りよりも下りの際に、より恐怖感が増幅することも予備知識としてもち合わせよう。

東西2峰とも展望は抜群で、360度のパノラマが得られる。鶴見岳はもちろん、国東《くにさき》半島や九重山、空気の澄んだ日なら四国《しこく》までもが望まれる。

この先のおすすめは、ウバガウジとよばれる噴火口跡のお鉢《はち》めぐりだ。複数あるといわれる火口跡はノリウツギやミヤマキリシマの低木で確認できないが、ナイフエッジの岩積みのアップダウンはスリル満点で、この山の魅力を増幅させる。

要注意は西峰からのお鉢めぐりの際の分岐点。ここが見落としやすく、あらかじめ地形図などで確認してから実行に移そう。また、分岐から十数メートル先は大きく崩壊しており、2016年の熊本地震後、そして今も崩壊が進行中だ。

剣《けん》ノ峰《みね》を南に向かって**東峰**山頂にいたる中間点で、東登山口からのコースが合わさる。時間に余裕があるなど、場合によってはこの道を復路にしてもよく、途中の日《ひゅ》向越《うがごし》から日向岳自然観察路を経由して出発地（**正面登山口**）に戻ることもできる（60ページ「由布岳②」を参照）。

（藤田晴一）

■鉄道・バス
往路・復路＝JR日豊本線別府駅、またはJR久大本線由布院駅から亀の井バスで由布登山口へ。

■マイカー
大分道別府IC、または湯布院ICから県道11号（やまなみハイウェイ）で登山口へ（約7キロ）。登山口に無料駐車場（約30台）と牧野組合の有料駐車場（約50台）がある。

■登山適期
ベストシーズンはミヤマキリシマが

CHECK POINT

バス停や駐車場がある正面登山口。県道11号（やまなみハイウェイ）脇にあり、由布岳を眼前にする

出発点の牧野道。由布岳を見ながらこれからの行程に期待がふくらんでくる

かぶさる緑が美しい樹林帯の道を行く。フィトンチッドが降り注ぐ

西登山口からの道が合わさる合野越。ひと休みして出発しよう

ジグザグの登りを経て東峰と西峰の鞍部・マタエへ。この先は気合を入れ急傾斜の登りにかかる

登り着いた西峰の山頂。1等三角点があり、東峰に比べてわずかに標高が高い

お鉢めぐりを行く。スリリングな岩場があるので、慎重な行動を心掛ける

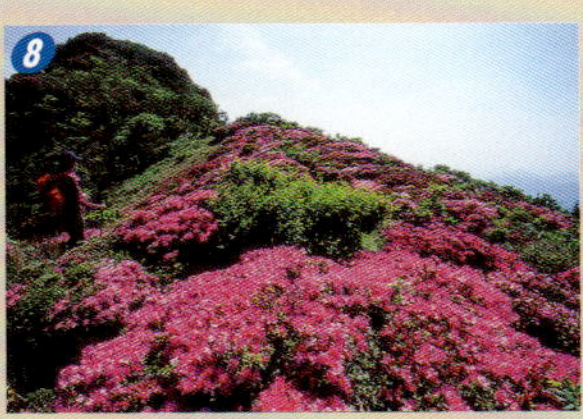
火口壁から西峰を見上げる。花づくしの絶景を満喫しよう

東峰の山頂。一帯はミヤマキリシマが群生する天上のお花畑。登山の達成感に浸ろう

咲く5月下旬から6月初旬。紅葉は10月下旬から11月初旬にかけて。霧氷は1月上旬から2月下旬。積雪は1月中旬から2月中旬。この頃はクサリ場のある西峰は避けた方がよい。

■アドバイス

▽マイカー利用の際は、冬期の路面凍結や積雪に備え、すべり止めなどの対策が必須。

▽山開きは5月第2日曜に合野越で行われる。当日は駐車場が大混雑するので、バスを利用する方がよいだろう。

▽西麓の岳本にある西登山口から合野越にいたるコースもある。西登山口（1時間→←50分）合野越。

▽登山口のトイレは冬期は使用禁止。代わりに移動式トイレが設置される。

▽山中に水場はないので、事前に用意すること。

▽山の周囲は温泉リゾートだけに、宿泊・入浴施設が整っている。

■問合せ先

由布市湯布院庁舎☎0977・84・3111、別府市観光課☎0977・21・1111、JR別府駅☎0977・21・2248、JR由布院駅☎0977・84・2021、亀の井バス☎0977・23・0141

■2万5000分ノ1地形図

別府西部

＊コース図は58・59ページを参照。

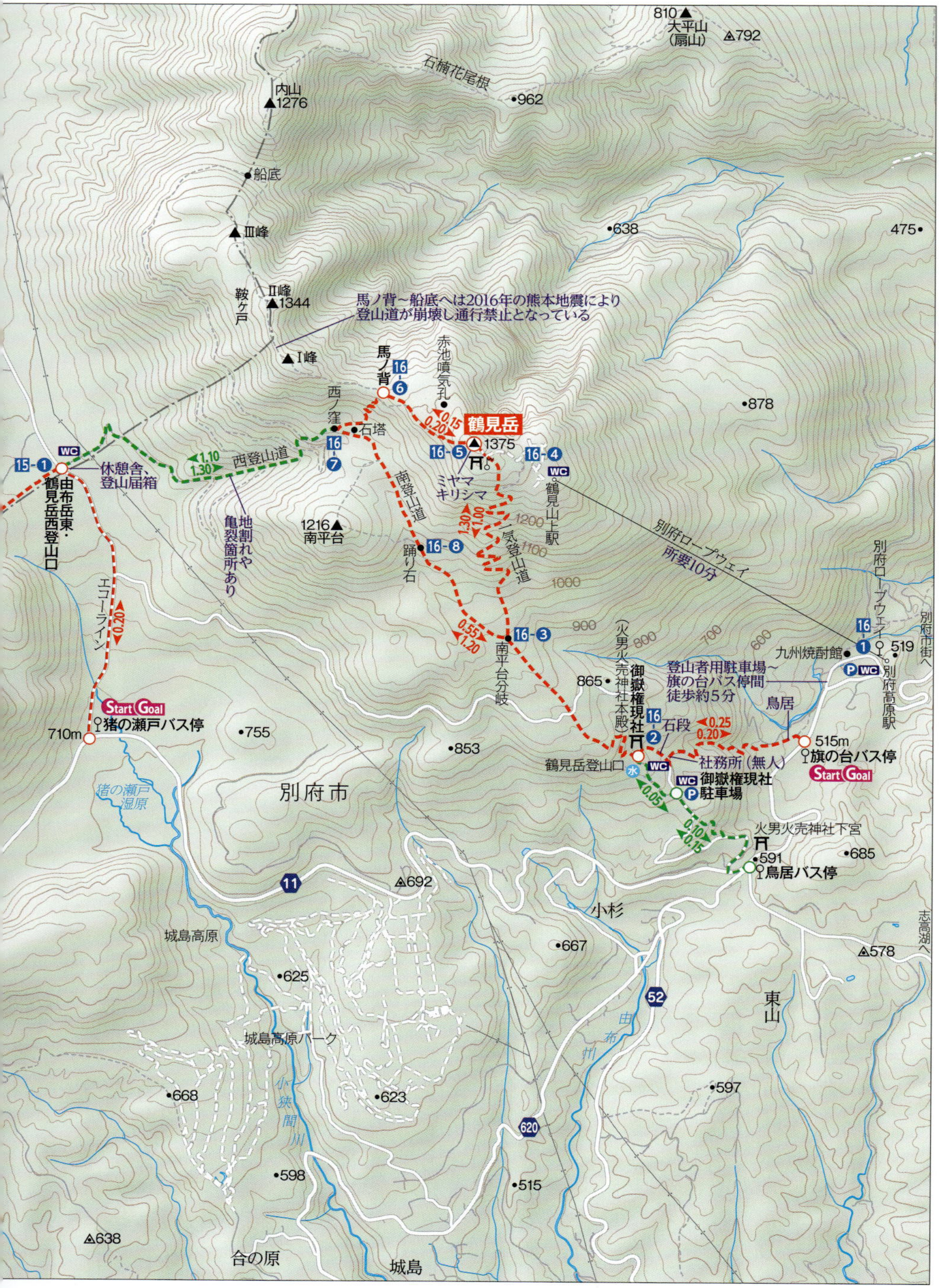
810▲大平山（扇山）
△792
石楠花尾根
•962
内山▲1276
船底
▲Ⅲ峰
Ⅱ峰▲1344
鞍ヶ戸
▲Ⅰ峰
馬ノ背～船底へは2016年の熊本地震により登山道が崩壊し通行禁止となっている
•638
475•
馬ノ背
16-6
赤池噴気孔
西ノ窪
石塔
鶴見岳
▲1375
0.15
0.20
16-5
16-4
16-7
ミヤマキリシマ
鶴見山上駅
WC
15-1
由布岳東・鶴見岳西登山口
休憩舎・登山届箱
1.10
1.30
西登山道
地割れや亀裂箇所あり
南登山道
1216▲南平台
1.30
1.00
1200
1100
1000
気登山道
16-8
踊り石
別府ロープウェイ所要10分
•878
エコーライン
0.20
0.55
1.20
16-3
南平台分岐
900
800
700
600
別府ロープウェイ
16-1
519
九州焼酎館
別府高原駅
別府市街へ
865•
（火男火売神社本殿）御嶽権現社
登山者用駐車場～旗の台バス停間徒歩約5分
鳥居
16-2
石段
0.25
0.20
515m
旗の台バス停
Start Goal
社務所（無人）
猪の瀬戸バス停
710m
•755
•853
鶴見岳登山口
水
御嶽権現社駐車場
0.05
0.10
0.15
猪の瀬戸湿原
別府市
火男火売神社下宮
•591
鳥居バス停
•685
11
△692
小杉
志高湖へ
城島高原
•667
△578
•625
52
東山
由布川
城島高原パーク
•668
•623
小狭間川
•597
620
•598
•515
△638
合の原
城島

N
0
500m
1:30,000
別府ICへ
由布SICへ
由布岳SIC
由布岳PA
ETC利用者は由布岳SICで下車し、エコーラインで県道11号（やまなみハイウェイ）にアクセスすることもできる
大分自動車道
674
796
822
756
湯布院ICへ
飛岳
925
由布市
617
※山岳部のお鉢めぐりは地震による崩落や地割れなどがあり、通過の際はとくに注意を要する
北面は崩壊。立入禁止
1347
ナイフエッジの難所
1153
へべ山
676
噴火口跡
ウバガウジ
ミヤマキリシマ
剣ノ峰
由布岳
西峰
1583
東峰
障子戸
クサリ場
マタエ
ミヤマキリシマ
東登山口コース
自然林
日向越
日向岳
1085
湯の坪川
929
正面登山口コース
日向岳自然観察路
合野越
西登山口コース
合野越から往復30分
1067
飯盛ヶ城
ルート不明瞭箇所あり
由布院駅・湯布院ICへ
岳本
472
西登山口
駐車場はない
下ん湯
金鱗湖
736
857
牧草地
サクラソウ、エヒメアヤメ
やまなみハイウェイ
有料
Start Goal
正面登山口
由布登山口
775m
休憩舎、登山届箱など
776
896
216
463
897
津江
594
狭霧台展望所
温湯牧野道
888
中原
11
宇奈岐日女神社（木綿山神社）
708
倉木山へ

15

自然林に覆われた日向岳をセットで登るプラスアルファの魅力

由布岳② 東登山口コース

ゆふだけ　ひがしとざんぐちこーす

1583m（西峰）

日帰り

歩行時間＝4時間35分
歩行距離＝8・3km

技術度

体力度

コース定数＝19

標高差＝873m

累積標高差 901m（登り） 901m（下り）

由布岳の東面を北東の鶴見岳から見る

ヤマザクラと春雪の由布岳山頂部

由布岳の東面を登るコースは前項の正面《しょうめん》登山道（54ページ「由布岳①」参照）に比べるとややハードだが、適度の疲労と達成感が得られることから、根強い人気がある。また、寄生火山である日向岳《ひゅうがだけ》はコナラやミズナラ、リョウブなどの自然林に覆われた森山で、それこそ森林浴にうってつけだ。この2峰のコラボで、より充実感のある山旅を発見してみよう。

前項と同じ路線バスを利用し、**猪《い》の瀬戸《せと》バス停**で下車。県道を外れて車道を北の塚原《つかはら》方面に向かうと、約2〜3キロで**由布岳東《ひがし》・鶴見《つるみ》岳西《だけにし》登山口**に着く。

登山届を提出して出発する。入山してまもなく休憩舎がある。この先はアセビやコナラ、ミズナラなどが茂る樹林帯を、緩やかに登っていく。木の間越しには由布岳が見てとれる。

やがて**日向越《ごし》**に着く。ここで正面登山道からの日向岳自然観察路が合流する。T字路になった右は由布岳東登山道で、ここでは左にとって日向岳に向かおう。ちょっとした平坦地（湿地）をすぎた先で北面に取り付いたあと、由布岳を背に、あるいは正面にしながら進んでいく。

日向岳の山頂を踏み、下山は西面を下る。木の間で由布岳が誘っ

■鉄道・バス
往路・復路＝JR日豊本線別府駅、またはJR久大本線由布院駅から亀の井バスで猪の瀬戸へ。

■マイカー
大分道別府IC、または湯布院ICから県道11号（やまなみハイウェイ）で猪の瀬戸バス停へ。周辺の路肩に余裕をもって車を停める。なお、由布岳東・鶴見岳西登山口には駐車場、駐車スペースともにない。

■登山適期
山頂帯を彩るミヤマキリシマは5月下旬から6月初旬がベストシーズンである。ヤマザクラの開花、樹木の萌黄は4月中旬。新緑は4月下旬から5月上旬。紅葉は10月下旬から11月上旬がよい。霧氷は1〜2月。

■アドバイス
▽東峰山頂から南西のマタエ経由で正面登山口へは1時間30分。日向越から日向岳自然観察路で正面登山口へは1時間（不明瞭箇所あり）。
▽紹介コースは地震などによる登山道の崩壊はないが、崖地や岩稜帯に生じた小さな亀裂などは素人の目視では確認できない。一見して危険だと判断できるような場所には決して近寄らないようにして、身の安全の確保に努めよう。
▽猪の瀬戸バス停の東に広がる猪の瀬戸湿原は湿生植物の宝庫。4〜11月の第4日曜に自然観察会を開催。

東麓の猪の瀬戸から見る日向岳。一面の自然林に覆われている。背後は由布岳の山頂部

てくれている。自然観察路に出て、右に進んで2分で**日向越**に戻る。

この先はコナラやリョウブ、カナクギノキなどが茂る林を進む。やがてジグザグの道になり、樹木はツクシヤブウツギやミヤマキリシマなどの灌木帯に変わる。

標高が上がるにつれて展望がよくなる反面、道は険しさを増してくる。頑丈なクサリのついた崖もあり、難所をひとつひとつクリアしていく。頭上には登山者を阻むかのようなゴツゴツとした岩がそそり立っている。その岩を、初夏はミヤマキリシマの紅が縁どる。

やがて火口縁に上がると、右からお鉢《はち》めぐりの道が合わさる。ここから由布岳東峰《とうほう》へはわずかだが、岩の多い道だけに、足もとや頭上に注意して進む必要がある。

たどり着いた**東峰**の山頂は三角点のある西峰《せいほう》に比べ1㍍ほど低いそうだが、展望は優劣つけがたく、実にみごとである。

展望を楽しんだら往路を引き返すか、あるいはマタエの分岐から正面登山口コース（54㌻参照）を下ってもよい。

（藤田晴一）

CHECK POINT

1 エコーライン脇にある由布岳東登山口。

2 指導標が何本も立つ日向越の分岐。左は日向岳、右は由布岳へ

3 樹木の中の日向岳山頂。静かな頂で思いきり深呼吸をしよう（右奥は由布岳）

4 クサリ場では滑落しないよう、また頭上にも注意。この先も難所が続く

5 九合目付近から山頂部を見上げる。岩稜の左が東峰、西が剣ノ峰

6 東峰山頂。360度の展望を満喫しよう

▽山中には水場がないので事前に用意すること。

▽「おんせん県おおいた」の代表格・別府、湯布院温泉があるだけに、宿泊や入浴施設が豊富。

■問合せ先

由布市湯布院庁舎☎0977・84・3111、別府市観光課☎0977・21・1111、JR別府駅☎0977・21・2248、JR由布院駅☎0977・84・2021、亀の井バス☎0977・23・0141、NPO法人猪の瀬戸保全の会☎090・2851・7911

■2万5000分ノ1地形図

別府西部

＊コース図は58・59㌻を参照。

海あり山ありいで湯ありの国際観光都市・別府。背後はその泉源となる山々（左から由布岳、鶴見岳、内山、大平山、迦藍岳）。国道10号（別大国道）から

16 鶴見岳

つるみだけ 1375m

眺望と森林浴が楽しめる泉都・別府のシンボル

日帰り

歩行時間＝3時間25分
歩行距離＝6.3km

技術度
体力度

コース定数＝16
標高差＝860m
累積標高差 ↗830m ↘830m

鶴見岳は阿蘇《あそ》くじゅう国立公園の中で、いちばん北東に位置する山群の盟主。北にのびた稜線上には鞍ケ戸《くらがと》、内山《うちやま》、迦藍《がらん》（伽藍）岳《だけ》、高平山《たかひらやま》などのピークがあり、北端で十文字原《じゅうもんじばる》に裾を下ろしている。この連なりが、世界屈指の湧出量を誇る別府《べっぷ》温泉の源となる。

波静かな別府湾と後背地の秀麗な山並み、扇状地に立ち昇る無数の湯けむりは、「おんせん県おおいた」が誇る景観遺産である。

JR日豊《にっぽう》本線別府駅からのバスで、**旗《はた》の台《だい》バス停**下車。

ドライブインみやま前の「御嶽《おたけ》権現《ごんげん》火男火売《ほのおほのめ》神社参道」の案内板で鳥居をくぐり、林の中を進むと社務所の脇に出る。石段を踏み、途中の霊水で手を清めて**御嶽権現社**へ。登山の安全祈願と登山届をすませてから出発しよう。

ここからは「べっぷ鶴見岳一気登山」の親切な標識にしたがって歩を進める。自然林とヒノキの混成林を進み、林道を横切って杉林へ。まもなく左（西）から周回コースの南登山道が合わさる（南平《なんぺい》台《だい》分岐）。ここを直進してジグザグの登り道が終わった先で、ロープウェイ鶴見山上《さんじょう》駅への道が右に分かれる。直進して山頂を目指す。

やがてレストハウスに上がり着く。ここは一気登山の際のゴール地点だ。ここから手すりの付いた石段を登りつめると、**鶴見岳**の山頂に到着する。

山頂一帯は公園になっており、展望はもちろんだが、ミヤマキリシマの群生地があり、シーズン中は花目当ての観光客で混雑する。また、冬の霧氷はテレビの全国ニュースでもしばしば登場する絶景スポットでもある。

360度の大パノラマを満喫したら、アンテナの建ち並ぶ山頂をあとにして北西へ。NHKテレビ塔の西側を通って斜面を下る。貞《じょう》観台《かんだい》とよばれる草地をすぎた**馬《うま》ノ背《せ》**で、左から西、南登山道を経由したコースが合わさる。この先、北へ向けた縦走路は2016（平成28）年の熊本地震により崩壊し、危険なため通行禁止となってい

■**鉄道・バス**
往路・復路＝JR日豊本線別府駅、またはJR久大本線由布院駅から亀の井バスで旗の台へ。由布院側にひとつ先の鳥居で下車してもよい。紹介コースの御嶽権現社へ徒歩20分。

■**マイカー**
大分道別府IC、または湯布院ICから県道11号（やまなみハイウェイ）で別府ロープウェイ高原駅の駐車場（無料）へ。また、鳥居バス停から御嶽権現社への参道に入ると、社務所近くに駐車できる（約50台）。この場合は15分ほど歩行時間が短縮できる。

■**登山適期**
ロープウェイ山上駅周辺のマメザク

南麓の志高湖から望む鶴見岳（右）と由布岳

山頂付近のミヤマキリシマ群生地（後方は由布岳）

る。くれぐれも入りこまないこと。

西登山道を下って分岐点の西《にし》ノ窪《くぼ》へ。ここを左にとり、南登山道を進む。ミズナラの林がすがすがしい。

この先で南平台（1216メートル）に向けた登路を分けて直進すると、踊《おど》り石《いし》とよばれる巨岩がある。さらに下って往路に合流し（南平台分岐）、30分ほどの下りで**旗の台バス停**に戻り着く。

（藤田晴一）

CHECK POINT

1 ロープウェイ別府高原駅の登山者専用駐車場。旗の台バス停へは徒歩5分

2 登山口となる御嶽権現社（火男火売神社）。登山届箱がある

3 南平台分岐。一気登山道と南登山道との合流点で、ここは直進して一気登山道へ

4 九合目まで来ると視界が開ける。ロープウェイ鶴見山上駅からの道が合流する

5 大展望の鶴見岳山頂。御嶽権現の上宮石祠が祀られている

6 馬ノ背の分岐。これより北（直進）は登山道の崩壊で通行禁止だ

7 西ノ窪の分岐。左折して南登山道へ。途中、南平台への道が分かれる

8 踊り石。伝承では、地震を予知すると踊りだすことからこの名がある

ラは4月下旬、山頂一帯のミヤマキリシマ群落は5月下旬から6月で、新緑も同時期。紅葉は10月下旬から11月上旬。冬の風物詩である霧氷は12月下旬～3月上旬。

■アドバイス

▽前作で掲載していた鞍ヶ戸や内山は地震による登山道の崩壊で、本書では除外している。

▽馬ノ背から西ノ窪の分岐を直進し、鶴見岳西・由布岳東登山口に下ってもよい。馬ノ背（1時間10分↓↑1時間30分）鶴見岳西・由布岳東登山口（危険箇所あり）。

▽鶴見岳の噴火は867（貞観9）年と『日本三大実録』にある。

▽海抜0メートルのスパビーチから1375メートルの鶴見岳山頂を目指す恒例の「べっぷ鶴見岳一気登山」は、4月第2日曜に行われる。

▽「おんせん県おおいた」がうたい文句の大分県。なかでも別府は日本屈指の温泉地。宿泊・入浴施設の数は突出しており、火山の恵みを最大限享受できる。

■問合せ先

別府市観光課☎0977・21・1111、JR別府駅☎0977・21・2248、亀の井バス☎0977・23・0141

■2万5000分ノ1地形図

別府西部

＊コース図は58・59ページを参照。

17

扇状地形が織りなす絶景の山を周回する

大平山（扇山）

おおひらやま（おうぎやま）
810m

日帰り

歩行時間＝3時間15分
歩行距離＝7・8km

技術度 ▲▲
体力度 ♥

コース定数	＝14
標高差	＝533m
累積標高差	↗607m ↘607m

北麓の明礬から見る大平山。草山の移ろいに心がなごむ

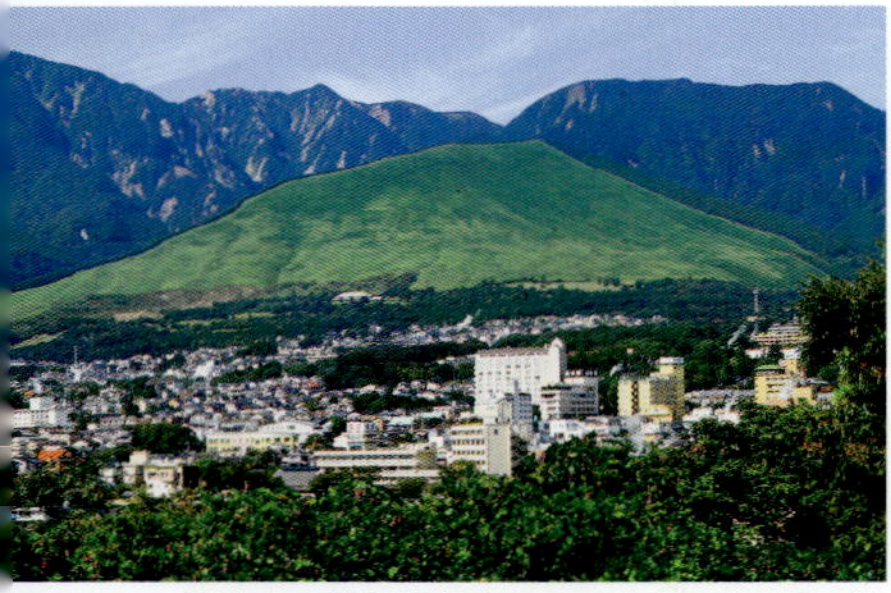
別府市の湯煙展望台からの連なり（正面の草山が大平山、奥は左から鶴見岳、鞍ヶ戸、内山）

大平山は、扇子を逆に広げたような山容で、一般的には扇山の名で親しまれる。火砕流がつくりだした草山のスロープは、時として山であることを忘れさせるほど美しく、優しい。別府の後背地をなす連なりの中では最もシンボリックな存在だ。とくに4月はじめの「扇山火まつり」は別府八湯《べっぷはっとう》温泉まつりのメインイベントで、夜空を赤く焦がすさまは壮観かつ幻想的だ。

自衛隊《じえいたい》前バス停から県道11号を北へ進み、別府ゴルフ場方面へ向かう。駐屯地を左に見て進み、700メートル先で**桜《さくら》の園《その》**へ。ここが大平山登山口だ。桜の園は文字どおりサクラの名所で、シーズン中は多くの花見客でにぎわう。

園地を抜けたら、防火帯を左（西）に進む。防火帯は野焼きの際の延焼を防ぐため、山の周囲を幅5メートルほど切り開いてあり、登山ルートも兼ねている。この一条道が山頂まで導いてくれる。急勾配の道はすべりやすくひと苦労するが、それを忘れさせてくれるのが、別府などの市街地と海の景色だ。

コース中は草花の種類も多く、野焼きが終わったあとはキスミレやハルリンドウ、センボンヤリが、そして一面が緑のビロード、秋はススキの穂波で埋めつくされ、ハ

■鉄道・バス
往路・復路＝JR日豊本線別府駅から亀の井バスで自衛隊前へ。

■マイカー
大分道別府ICを右折して県道11号（やまなみハイウェイ）へ、500メートル先で左折して別府ゴルフ場に向かうと桜の園で、約300メートル先に4～5台の駐車スペースがある。満車時はゴルフ場入口の県道脇東側に公共の駐車スペースがある。ここから登山口へ徒歩10分。

■登山適期
通年楽しめるが、とくにサクラの満開と重なる4月上旬がベスト。

■アドバイス
▽山頂から内山へのコースは地震で崩壊しており通行禁止。
▽恵美須社から林道を道なりに進むと、20分で明礬温泉に行ける。
▽内山渓谷にある「蛇ん湯」は、野趣満点の秘湯。
▽別府八湯温泉まつりは4月1日から7日間開催の一大イベント。別府八湯は市内8箇所にある温泉郷で、亀川、柴石、明礬、鉄輪、堀田、観海寺、別府、浜脇をいう。詳細は別府市観光協会へ。
▽木陰がないので、とくに夏場は熱中症に注意したい。また、山中に水場がないので、充分に用意しておく。

■問合せ先
別府市観光課☎0977・21・11

CHECK POINT

桜の園の一角にある大平山の登山口

桜の園からの山頂部。左上の防火帯沿いに登る

秋の花・ヒゴタイ。ススキに混じり存在感を誇示する

スロープを覆う一面のススキは、まさに草のすべり台

山頂西隅のわぐど岩。ヒキガエルには見えないが…

山頂から東を望む。手前が別府市街地、奥が大分市

ギやオミナエシ、ヒコタイ、リンドウなどが風情を誘う。冬はキツネ色の枯れ野が温かく、雪化粧がまたよく似合う。

　やがて道に岩石が出はじめると山頂はもうまもなくで、背景の連なりも見えてくる。しかし、赤池《あかいけ》噴気孔のある鶴見《つるみ》岳《だけ》北面から内《うち》山《やま》にかけて熊本地震による崩壊の跡が生々しく、自然災害のすさまじさを見せつけられる。

　大平山の三角点（792㍍）は防火帯（登山道）を左に少し外れた桧林の中にある。そこからひと登りで**大平山**の山頂に到達する。西隅には「わくど岩」とよばれる巨石がある。当地でいうヒキガエルのことで、昔は雨乞い祈願も行われていたとされる。

　下山は北側の防火帯が急勾配すぎて通行できないため、迂回路をとろう。山頂から西へ200㍍先の**分岐**で内山渓谷に下る。林道に出たら右折して右岸を進み、**恵《え》美《び》須《す》社**前で右折して作業道にはずれる。道が突き当たったら再び大平山に向かい南進すると、**桜の園**に戻ってくる。

（藤田晴一）

11、別府市観光協会☎0977・24・2828、JR別府駅☎0977・21・2248、亀の井バス☎0977・23・0141

■2万5000分ノ1地形図　別府西部

扇山火まつり。湯煙とのコラボは壮観。1時間あまりで枯れ野を焼きつくす

18

由布岳を称える、知る人ぞ知る花の山

倉木山

くらきやま
1160m

日帰り

歩行時間＝2時間35分
歩行距離＝7・5km

技術度
体力度

コース定数＝12	
標高差＝385m	
累積標高差	555m（登り）555m（下り）

由布院《ゆふいん》盆地の東に峰を連ねる速《はや》見《み》火山群の一峰で、倉木山はいちばん北に位置している。なにぶんにも誉れ高い由布岳《ゆふだけ》が近いだけに、登山者からは人気者扱いされることはない。しかし知る人ぞ知る花の宝庫である。

JR久大《きゅうだい》本線由布院駅、もしくはJR日豊《にっぽう》本線別府《べっぷ》駅からバスで**由布登山口バス停**下車。

→倉木山は知る人ぞ知る霧氷の名所。由布岳とのコラボが実に絵になる

↑北側の由布岳正面登山道からの倉木山。由布院盆地を取り囲む1座だ

由布岳の登路と分かれて県道11号（やまなみハイウェイ）を西に向かい、500㍍先で左にはずれ、目安となる雨乞《あまごい》牧場に向かう。途中、坂道から仰ぎ見る由布岳はみごとで、写真には絶好のビューポイント。

雨乞牧場ゲート前に着いたら、そこからさらに150㍍直進して右側の牧野に入る。行く手に倉木山を望みながら取付道路を進むと、**登山口**がある。

取り付いてまもなく、ちょっとした高みに左「急直登」右「山腹廻り」の小さな指導標がある。この**分岐**は主尾根の中腹に当たる場所だが、高度感がないため、すぐには実感が湧いてこない。

急勾配を承知の上で左「急直登」を登っていく。やがて肩に上がる

■鉄道・バス

往路・復路＝54㌻「由布岳①」参照。

■マイカー

由布登山口バス停へは54㌻「由布岳①」参照。倉木山の登山口へはここから湯布院方面に500㍍南に進んだ坂の途中から左の温湯牧野道に折れ、東石松牧野道の手前へ。ここに4～5台分の駐車スペースがある。その際、牧野への乗り入れはトラブルの要因となるため厳禁。満車の場合は由布登山口まで引き返すこと。

■登山適期

通年楽しめるが、道がミヤコザサにじゃまされない5月上旬から6月下旬にかけてがベスト。山腹に多い花の大半がこの時期に咲く。ハルリンドウやキスミレ、初夏はタチシオデやチゴユリ、ワタナベソウ、秋はリンドウ、ヒゴタイ、ジイソブ、バソブなど種類が豊富。

■アドバイス

▽水場がないので出発前に充分用意すること。

▽雨天、積雪の際の直登コースは滑落の危険性があるので無理は禁物。また、直登コースにはミヤコザサがのびたり、道がぬかるんだ歩きづらい箇所もある。下山路の山腹コースには2023年12月現在崩壊地があるので、通行の際は要注意。

▽温湯牧野道から眺める由布岳は絶景で、県道11号（やまなみハイウェ

とミヤコザサが増え、しだいに一面のササ原となる。場所によっては背丈以上にのびており、漕ぐようにして進む。カラマツやこんもりと盛り上がったアセビの群落は景色にアクセントを添え、背景の由布岳や鶴見岳《つるみだけ》を引き立てている。

南に向かって進むと三角点があり、さらに100《メートル》で**倉木山山頂**に到着する。しかし、山頂からの展望は周囲を樹木にさえぎられてやや期待はずれだが、大分市や九重《くじゅう》山群はまあまあだ。

山頂をあとに西に向かって草の斜面を下る。途中、山頂での失望感を払拭させるのがシルエットの九重山群で、墨絵の情景に心がなごむ。**山頂取付点**に下り着いたら北に向きを変え、山腹の道を進む。

のどかな田園風景の奥にそびえる倉木山（湯布院町川西から）

イ）の狭霧台（さぎりだい）とともに人気のビュースポット。

■問合せ先
由布市湯布院庁舎☎0977・84・3111、JR由布院駅☎0977・84・2021、JR別府駅☎0977・21・2248、亀の井バス☎0977・23・0141

■2万5000分ノ1地形図
別府西部・小野屋

日当たりのよい斜面は花が多く、春はキスミレやハルリンドウ、初夏はタチシオデやチゴユリ、秋はヒゴタイやリンドウなど、折々の花が枚挙にいとまないほど登山者にほほえみかける。

道なりに進んで標高を下げ、西山腹から北山腹へとたどると往路の直登コースと山腹コースとの**分岐**に出る。途中からの由布岳がまた絵になる。

（藤田晴一）

CHECK POINT

1
登山口からは東石松牧野の取り付け道路を進む

▼

2
左「急直登」右「山腹廻り」の指導標。左の杉林へ

▼

3
肩の先からは、背丈ほどのミヤコザサなどがうるさい

▼

4
倉木山頂。由布岳のてっぺんだけ見える

▼

5
下る途中でシルエットの九重山群が望まれる

▼

6
すがすがしい樹林帯の道。草花を愛でながら進もう

倉木山山麓の温湯牧野道から西に見る福万山。その姿は優しい

19 展望もみごとな湯布院北東の山
福万山

ふくまんやま 1236m

日帰り

歩行時間＝3時間5分
歩行距離＝9・0km

技術度

体力度

コース定数	=14
標高差	=618m
累積標高差	↗ 628m ↘ 628m

由布院《ゆふいん》盆地を西側から取り囲むようにして横たわるのが福万山である。東西にのびる草台地の南側はユムタ（湯無田《ゆむた》）高原が、北側には日《ひ》出生台《じゅうだい》（高原）が広がっている。前者はリゾート地として脚光を浴び、後者は自衛隊の演習場で知られている。頂上からの展望はすばらしいが、以前はススキの原だったユムタ高原にはメガソーラーパネルが建設され、雰囲気が変わってしまったのが惜しまれる。

由布岳を望む福万山の山頂

JR久大《きゅうだい》本線由布院駅から牧《まき》の戸《と》峠行きバス（運行日注意）で**ゆふの丘プラザバス停**下車。車道を北に向かって進むと湯布《ゆふ》院《いん》スポーツセンターがある。マイカーの場合は、同センターの有料駐車場を利用する。

車道を北へ直進し、途中からメガソーラーパネルの建設

■鉄道・バス
往路・復路＝JR久大本線由布院駅から亀の井バスでゆふの丘プラザへ。バスは1日2便と便数が少ない上、平日と12～3月は運休なだけに、由布院駅からタクシーを利用する方が現実的だ。タクシーの場合は湯布院スポーツセンターに直接向かおう。

■マイカー
大分道湯布院ICから国道210号で湯布院スポーツセンターへ。駐車場（8～17時）を利用する際は、券売機で駐車券を購入する（310円）。

■登山適期
通年楽しめる。株は少ないが、ミヤマキリシマは5月下旬がベスト。山腹の新緑は5月上旬～中旬、紅葉は11月上旬が見ごろ。

■アドバイス
▽尾根上が自衛隊用地との境界で、山頂手前から北側の尾根には絶対に立ち入らないこと。山頂手前の支尾根から湯布高原ゴルフ場に下るコースは約1時間。
▽水場がないので出発前に充分用意すること。
▽福万山は昔、伏魔獄、福間山、福間獄の字も当てられ、雨乞いが盛んに行われたといわれる。当時山頂にあった祠は1901（明治34）年に日出生台の小野原に遷され、四柱神社（福万神社）として祀られている。

■問合せ先

CHECK POINT

駐車場（有料）がある湯布院スポーツセンターで登山届を済ませてから出発する

以前あった登山口への登山道の取付点。現在は幅広の車道に変わっている

森林浴にうってつけの樹林帯。この先からは杉林となる

樹林帯の中にある分岐点。とくに夏場は緑にまぎれ見落としがちだ

尾根上からは南の方角に九重山などの連なりが見える

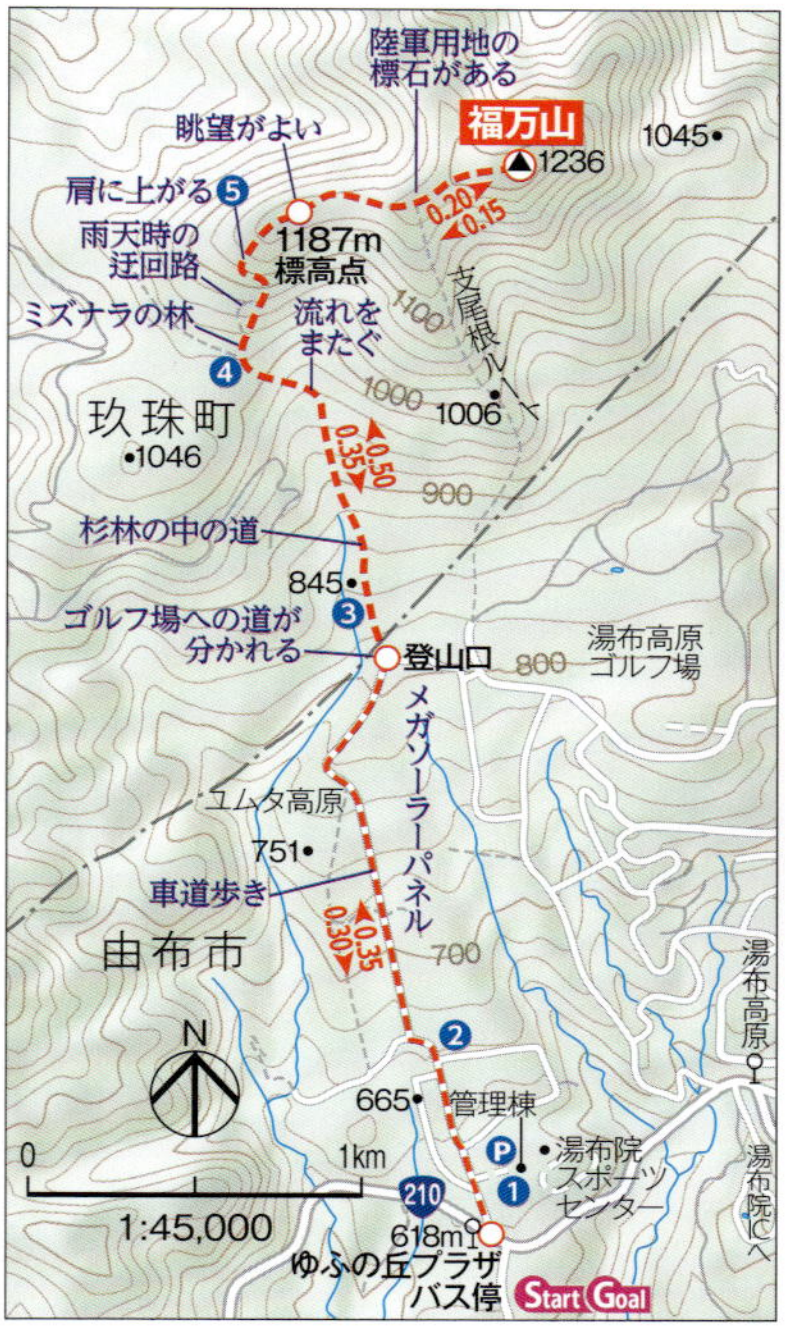

尾根上に咲くミヤマキリシマ。多くはないが見ごたえは充分

に伴い新設された車道をたどる。ソーラーパネルを右に見て進むと**登山口**だ。樹林帯の道を進み、やがて杉林に入る。季節によっては落ち葉で踏跡がわかりにくいこともあるが、指導標を見落とさないように注意して進み、途中で左下に下って流れをまたぐ。

緩やかな斜面を登るとミズナラの美林に入り、分岐点を右に進む。途中に雨天の際の迂回路があるが、ほんの少しの区間だけで、すぐに道は合わさる。

視界が開けて草の斜面に飛びだし、**1187メートル標高点**に上がると、九重《くじゅう》山群や万年山《はねやま》、平家山《へいけやま》などの山々が望まれてくる。草野にミヤマキリシマの薄紅色が映えるのは5月下旬だ。

由布岳《ゆふだけ》や北に日出生台などの景色を楽しみながら気持ちのよい尾根を進む。マツやアセビの緑も添景には欠かせない。途中には陸軍用地を示す古い標石もあり、長年にわたって演習場として利用されている実体も改めて認識できる。ここまで来れば山頂は目前だ。

福万山山頂からは由布岳をはじめ鶴見《つるみ》山系の山々、西に津江《つえ》山地、そして南には九重山群など、360度の大展望を満喫できる。

帰りは往路を戻ろう。

（藤田晴一）

由布市湯布院庁舎☎0977・84・3111、玖珠町商工観光政策課☎0973・72・1111、湯布院スポーツセンター☎0977・84・2130、JR由布院駅☎0977・84・2021、亀の井バス☎0977・23・0141、みなとタクシー湯布院事業所☎0977・84・2141

■2万5000分ノ1地形図
日出生台

20

周回コースに期待ふくらむ充実の山旅

両子山

日帰り

ふたごさん
720m

歩行時間＝3時間30分
歩行距離＝5・4km

技術度
体力度

コース定数＝**11**

標高差＝331m

累積標高差 446m 446m

東麓からの両子山。国東半島の中央にそびえる山々の主峰だ

参道に立つ仁王像は国東半島の代表格。そのフォルムは力強い

両子山は国東《くにさき》半島に林立する山群の主峰である。国東半島の地形を知らしめるのに「和傘を広げたような」という例えによく用いられる。尾根が骨で、28の谷が傘布だ。その頂点にあるのが両子山だ。そして、山麓の両子寺がまた多彩な歴史を語りかけてくれている。その両子山に、両子寺を基点とする周回コースで登ってみよう。なお、ルートは近年開設された国東半島峯道《みねみち》ロングトレイル（76ページ参照）と重なっている。

起終点となるのは、両子寺から西へ1キロの**走水観音**《はしりみず》である。ここで名水を補給してから出発する。

杉林から取り付き、走水林道に出たら右にとり、1キロ先の**郡境尾根**を左折して尾根伝いに進む。しだいに坂道となり、**600メートルピーク**に達すると視界が開け、千燈岳《せんとうだけ》や文《もん》殊山《じゅさん》が間近に見える。

■鉄道・バス
往路・復路＝JR日豊本線杵築駅からタクシーで両子寺へ。両子寺へは国東市安岐（大分、杵築方面から大分交通バスでアクセス）から国東観光バスが運行されていたが、2020年に廃止された。

■マイカー
大分道日出JCTから大分空港道路安岐ICへ。県道34・651号で両子寺走水観音の無料駐車場へ。

■登山適期
3～12月。登山道の新緑は4月中旬～下旬。モミジの名所・両子寺境内も同時期がベスト。紅葉は11月中旬から下旬にかけて。とくに境内にあるしぐれもみじは圧巻。この時期は大勢の観光客が殺到する。

■アドバイス
▽厳冬期に尾根及び山頂付近は表土が凍結するため、通行できないことがあるので要注意。
▽入山料（300円）は必ず両子寺にて上納する。
▽両子寺は養老年間（721年頃）、宇佐神宮の化身・仁聞（にんもん）菩薩開基と伝えられ、江戸時代前期には六郷満山寺院を統括する総持寺として中心的な役割を果たした。

■問合せ先
国東市安岐総合支所☎0978・67・1111、国東市観光協会☎0978・72・5168、JR杵築

大展望の山頂から姫島など東面の眺め

ここから地形通りに下降し、今度は急斜面を登り返す。しばらくはロープにつかまりながらの難行苦行。やがてトンガリ山《やま》に上がり着く。名の通り、おにぎり状の三角形峰だ。

いったん作業道に下り舗装路をたどって**両子山**山頂に立ち、1等三角点の大パノラマを満喫しよう。

見飽きたらいちばん南《みなみ》のアンテナの側を通って南尾根を進む。自然林に覆われてすがすがしい道だが、この先には手ごわい急斜面の下りが待ち受ける。落石させないよう、慎重に下っていく。こわごわと、時には張られたロープをつかんで、「鬼《おに》の背割《せわり》」とよばれる奇峰に下り着く。ここからは作業道へのエスケープルートもある。

ここを左にとると針《はり》の耳《みみ》で、身を細めてすり抜ける。百体観音《ひゃくたい》に手を合わせたのち、両子寺奥《おく》ノ院《いん》の手前に下ってくる。境内を通って**両子寺**本堂に向かい、入山料を納めて仁王《におう》像の立つ参道を下る。

車道に出て**走水観音**に戻るが、マイカーでなければ、両子寺をゴールとしよう。

（藤田晴一）

駅☎0978・62・2048、大分交通（バス）☎097・534・7455、杵築国東合同タクシー☎0978・62・2220、三光タクシー☎0978・62・2800

■2万5000分ノ1地形図
両子山

CHECK POINT

1 登山口の走水観音。名水を求めて大勢の人がやってくる

2 郡境尾根取付点。両子山は東・西国東との分水嶺だ

3 展望のよい600メートルピークからは同目線で文珠山や千燈岳が見える

4 両子山の1等三角点峰からは全方位の絶景が広がる

5 すがすがしい自然林の尾根道。この先からは急斜面の下りがはじまる

6 両子山の七不思議のひとつ針の耳。雑念を去りくぐり抜けよう

21 瀬戸内海とそこに浮かぶ姫島を望む絶景の山

千燈岳

せんとうだけ
606m

日帰り

歩行時間＝3時間15分
歩行距離＝6・0km

技術度 ■□□□□
体力度 ■□□□□

コース定数	＝**14**
標高差	＝531m
累積標高差	↗ 655m ↘ 590m

登山口付近の林道からの千燈岳

千燈岳は国東《くにさき》半島の中央部に位置する両子《ふたご》火山群の一峰で、尾根続きの不動山《ふどうやま》とセットで登ろう。

ＪＲ日豊《にっぽう》本線宇佐《うさ》駅から登山口まではバスを乗り継いで行くこともできるが、実際にはタクシーかマイカーが便利である。本コースのように縦走する場合は、登山口と下山口が異なるため、タクシーがおすすめだ。

登山口の**不動口**をあとにして東に向かい、伊美《いみ》川を渡ると案内板がある。突き当たりのT字路はどちらでもよく、この先の不動山下の登山口で合わさるが、旧千燈寺跡の遺跡や遺構を訪ねるなら右に進もう。

舗装路を進むと壊れかけた鳥居があり、左にとって旧参道へ。まもなく旧千燈寺跡に着く。かつては千燈寺本堂が建っていた場所だが、今は一対の石造仁王《におう》像が往時を偲ぶかのようにして立っているだけだ。

旧千燈寺跡に立つ石造仁王像（阿形）

この先でコースからはずれて左の道を行くと、奥ノ院《いん》と仁聞《にんもん》菩薩入滅の岩屋（枕の岩屋）などがある。仁聞は宇佐八幡《はちまん》の化身とされ、国東に仏教を広めた人物である。さらに進むと墓碑の仁聞国東塔や千基を超える五輪塔群がある。

ひと登りで林道に出ると、行く手には軍艦さながらの不動山と千燈岳が望まれてくる。**登山口**には駐車場とトイレ、茶店がある。「五辻《いつつじ》不動尊」ののぼりに導かれて丸木段を登っていく。岩を階段状に削った狭い道を登りきると**不動山**で、東面に明王《みょうおう》を祀る岩屋の五辻不動尊がある。安全登山の祈願をしてから出発しよう。

南に向かって進むと、西登山口からの道が合わさる。鹿除けネットが張られた杉林を進み、林道を

■鉄道・バス
往路＝ＪＲ日豊本線宇佐駅から大交北部バスで伊美へ（平日、土日祝ともに午前中は3便）。伊美からタクシーで不動口へ。
復路＝赤根登山口からタクシーで伊美へ。
■マイカー
東九州道宇佐ICから国道10・213

山頂からの周防灘に浮かぶ姫島の眺め

横切って尾根に上がると、三角形をした千燈岳が目前に迫ってくる。いやな杉林の中の急坂が終わるとニレの多い尾根道となり、まもなく**千燈岳**三角点に到達する。山頂からは、姫《ひめ》島や周防灘《すおうなだ》、豊前《ぶぜん》海《かい》が、透明度しだいでは山口県の徳山《とくやま》方面も望まれる。

絶景を楽しんだら下山にかかる。急斜面につけられたジグザグの道を下りていくと、やがて作業道となる。さらに進み、流れに沿って下ると一《いち》ノ瀬溜《せため》池側の**赤根《あかね》登山口**に下り着く。

（藤田晴一）

CHECK POINT

登山口への入口。左右どちらの道も上部の登山口手前で合わさる

登山口。五辻不動尊への参道で、マイカーはここまで入る

五辻不動尊。五辻不動ともよばれ、5箇所からの道が集まることによる

千燈岳山頂。切り開かれた山頂からの絶景を楽しもう

下山途中からのビューポイントから見る国東半島の核心部の山々

赤根登山口。ここから登る場合はマイカーは路上のスペース（3～4台）へ

号で豊後高田市へ。恵比須橋で右折し県道29号を進み、走水峠で左折し県道31号へ。不動口を右折し、案内板のあるT字路を左折し登山口へ。

■登山適期

年中登山が楽しめるが、ベストは紅葉期。中でも旧千燈寺跡の石造仁王像とイチョウの落ち葉は実にフォトジェニックで、12月上旬～中旬にかけて。山頂付近の新緑は5月上旬、紅葉は11月下旬。

■アドバイス

▽旧千燈寺は国東における古代山岳仏教の寺院集団「六郷満山」の中山本寺で、平安末期から鎌倉、室町時代にかけ栄華の時代を築いた。不動口の北にある現在の千燈寺はかつての西の坊で、旧千燈寺とは区別される。

▽下山口近くに、宿泊と立ち寄り入浴ができる施設が2軒ある（国見温泉あかねの郷、湯の里渓泉）。

■問合せ先

国東市国見総合支所☎0978・82・1111、JR宇佐駅☎0978・37・0004、大交北部バス高田営業所☎0978・22・2085、香国タクシー竹田津営業所☎0978・84・0734、国見温泉あかねの郷☎0978・82・1571、湯の里渓泉☎0978・82・1300

■2万5000分ノ1地形図

香々地

夷耶馬を象徴する岩峰群(東麓の上坊中集落から)

22

仙境にして佳景、妙味ある岩稜をたどる

中山仙境

なかやませんきょう
317m(高城)

日帰り

歩行時間=2時間5分
歩行距離=3.0km

技術度 ▲▲▲▲▲
体力度 ♥♥♥♥♥

コース定数=8
標高差=250m
累積標高差 ↗295m ↘250m

中山仙境は豊後高田《ぶんごたかだ》市の北東に位置する景勝地・夷耶馬《えびすやば》の中心をなす地塁で、一帯は瀬戸内海《せとないかい》国立公園に含まれる。「なにも高いだけが山ではない」とはよくいったものので、ピークは317《メートル》の高城《たかじょう》である。凝灰角礫岩《ぎょうかいかくれきがん》などからなる山は随所で差別侵食が発達、凹凸の激しい地形は火山半島ならではの景観をつくりだしている。

岩稜帯を彩るキシツツジ

JR日豊《にっぽう》本線宇佐《うさ》駅からのバスを新竹田《しんたけた》橋で下車。タクシーで**登山口**のある前田《まえだ》へ。弘法大師《こうぼうだいし》ののぼりに導かれ、山裾から取り付く。

雑木林のなだらかなスロープも最初だけで、しだいにアップダウンをくり返す急登になり、クサリのついた急崖も随所にある。点々と祀られている石仏は、弘法大師とそのお供で、山麓にある天台《てんだい》宗の霊仙寺《れいせんじ》が勧請したミニ霊場だ。ここ国東《くにさき》では宗派を越えて弘法大師を祀る寺院があちらこちらにある。違和感も抵抗感もなく、半ば習わしとして伝わっており、大師ゆかりのお接待などもそれだ。

岩稜帯の道になると周囲の景色は一変し、奇岩怪石が目立ってくる。南と北に対峙する山もまた奇

■鉄道・バス
往路=JR日豊本線宇佐駅から大交北部バスで新竹田橋へ。タクシーに乗り換え前田の登山口へ。
復路=坊中の下山口からタクシーで新竹田橋へ。

■マイカー
東九州道宇佐ICから国道10・213号で香々地町へ。新香々地で右折して県道653号で登山口がある前田へ。ここには駐車場がないので、約1キロ先の夷耶馬農村公園の駐車場(無料・約15台、トイレあり)に車を停め、前田の登山口まで徒歩で戻る(約15分)。夷耶馬農村公園からは西側に向けた登路があり、時間が短縮できるほか、エスケープルートにもなる(稜線まで約20分)。

■登山適期
年中登山が楽しめるが、ベストは新緑で、イブキシモツケやキシツツジが咲く5月上旬と、カントウマユミが紅葉する12月上旬~中旬。雪山も南画を見るような絶景だが、ただでさえクサリ場ややせ尾根で滑落のおそれがあり、入山は避けた方が無難。

■アドバイス
▽山中には水場がないので出発前に充分用意すること。
▽危険箇所にはすべてクサリがつけられているが、行動は慎重に。
▽下山口近くには夷谷温泉(入浴料400円)がある。

岩を抱いて屹立している。そのひとつひとつは梵字にも見えてくるから不思議である。

やがて無明《むみょう》橋に着く。橋は幅3メートルの岩の割れ目に平石を渡した簡単なものだが、下から見ると実は中央で2枚の石をはぎ合わせてあるだけの構造だ。もちろん渡るための橋だが、安全な迂回路もある。

東へ向かって進み、やがて**高城**とよばれるピークに到達する。山頂には天照皇大神《あまてらすすめらおおかみ》の石碑と弘法大師像がある。

景色はますますよくなるが、反面、道はいよいよやせ細ってきて、下手をすれば谷底に転落もしかねない。細心の注意を払って、もうひとつ先のピークに達すると道は行き止まりになる。急崖をクサリにつかまって下ると隠洞《かくれうど》とよばれる洞穴があり、中には4組の大師像が祀られている。

崖に面した細道をこわごわと進み、杉林に入ると坊中《ぼうじゅう》の**下山口**は近い。

（藤田晴一）

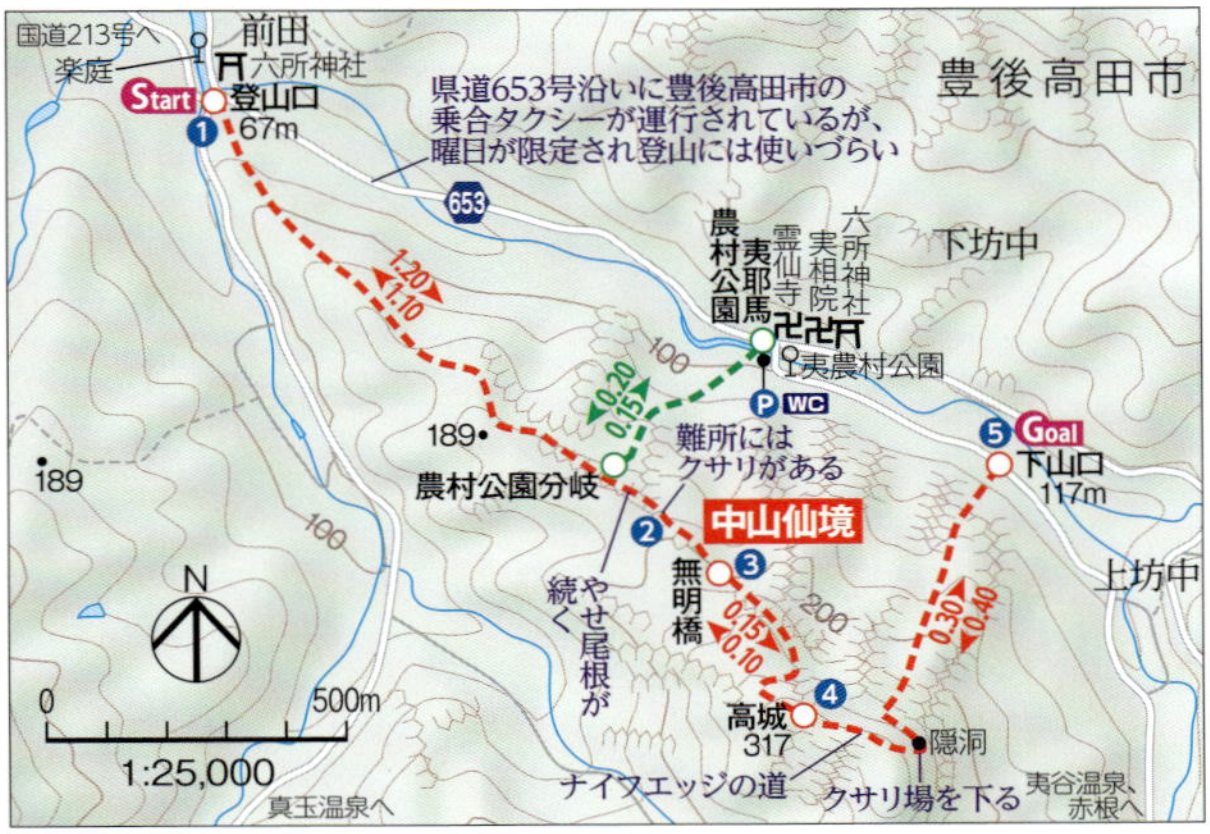

肝を冷やす無明橋。間から奇岩怪石が林立する東夷が覗く。岩のひとつひとつが梵字に見える

■問合せ先
豊後高田市香々地庁舎☎0978・54・3111、JR宇佐駅☎0978・37・0004、大交北部バス☎0978・22・2085、香国タクシー☎0978・54・2013、夷谷温泉☎0978・54・2995
■2万5000分ノ1地形図
香々地

CHECK POINT

前田の登山口。1.2㌔の岩稜歩きは四国八十八カ所のミニ霊場の道でもある

クサリにつかまって登る。この先も気の抜けない悪場が続く

無明橋から西を振り返り見る。前田や長小野の集落、遠くに周防灘も見える

最高点ピークの高城。天照皇大神の碑と弘法大師の石祠がある

坊中の下山口。出発地の前田へ戻る場合は、県道を1㌔ほどの道のりだ

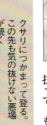

コラム──国東半島峯道ロングトレイル

大分県の北東部に位置する国《くに》東《さき》半島は別府《べっぷ》湾と周防灘《すおうなだ》の間に突き出た円い形の半島である。

古くから仏教が栄えた土地で、かつて6つの郷に分けられていた半島全体には「六郷満山《ろくごうまんざん》」と総称される数多くの寺院や霊場が存在している。また、宇佐《うさ》神宮の神領であったこの地域は「神仏習合発祥の地」とされ、宇佐神宮を中心とする八幡信仰や古来の山岳信仰と結びついた独特の仏教文化が形成された。

大不動岩屋から岩峰群を望む（K-1コース）

地形に目を転じると、半島のほぼ中央にある両子山《ふたごさん》を核として、尾根と谷が放射状に海岸線まで広がっている。山では、同じく両子山を中心に文珠山《もんじゅさん》や伊美山《いみやま》、千燈岳《せんとうだけ》、黒木山《くろきさん》、小《しょう》門山《もんざん》などが並び立ち、さらにその外周を屋山《ややま》、尻付山《しりつきやま》、ハジカミ山《やま》、鷲巣岳《わしのすだけ》などの峰々が囲む。山麓深くまで人々の生活が入りこんだ現在ではイメージしにくいが、これらはすべて古い時代の火山で、この地に特徴的な夷耶馬《えびすやば》や天念《てんねん》寺《じ》耶馬、岩戸《いわと》耶馬などの岩峰群は、それら火山性の岩石が侵食されてできたものだ。

このような宗教・地形的要素を背景に、国東半島では古くから「六郷満山峯入《みねい》り」が行われてきた。

国東半島峯道《みねみち》ロングトレイルはその峯入りの道筋をベースに、「歩く旅」の醍醐味を味わうことのできる自然道や立ち寄りスポットを追加するなどの工夫を加えて再構成されたトレッキングコースだ。10区間、全長約135㌔に及ぶトレイルは、「峯道」というだけに岩場など少々手強い場所も一部にあるが、標識類や補助ロープも整備されており、全体的には初心者でも歩きやすいコースとなっている。

田染荘《たしぶのしょう》に代表される日本の原風景の中を歩く旅では、豊かな自然だけではなく、国東半島を代表するパワースポットや石造文化財、多くの野仏に出会う。また、遙か昔、互いの異教文化を認め合い共存の道を選んだ寛容の心など、現代では失われつつある日本人の豊かな精神性を感じることができるだろう。

複数日をかけてスルーハイクに挑戦するのはもちろん、区間ごとに歩いてみたり、最寄りの観光スポットや温泉施設を行程に組み入れたりと、いろいろな楽しみ方ができるのがロングトレイルだ。

また、毎年春と秋には、地元有志が運営する国東半島峯道トレイルクラブによるトレッキングイベントも行われている。道案内が不安な人は、こうしたイベントに参加するのもよいだろう。

（山岡研一）

T-1 国東半島を歩く旅のはじまり。田原山西麓の熊野磨崖仏に旅の安全と成就を祈り、古代より変わらぬ田園風景の中を西叡山中腹の高山寺へ(11.5キロ)。

T-2 西叡山より行く旅の舞台となる六郷の山々に想いを馳せて東麓へ下り、国東半島の中心部を目指す。区間終点は対岸に鬼城耶馬を臨む並石ダム(15.2キロ)。

T-3 並石ダムから屋山の中腹を巻いて長安寺へ。天念寺の背後にそびえる岩塊は無明橋で有名な天念寺耶馬。急峻な岩場を越えて真玉地区に下る(12.2キロ)。

T-4 トレイル前半の核心部。ルート上にはストーンサークルで有名な猪群山や奇岩絶峰の連なる中山仙境の一部が含まれるハードな区間だ(10.3キロ)。

K-1 豊後高田市から国東市へ。西方寺の集落をすぎると大不動岩屋の絶景が待っている。さらに旧千燈寺の史跡や五辻不動をめぐって岩戸寺へ下る(11.2キロ)。

K-2 岩戸寺から文殊山の北側にある小岳、熊ヶ岳の裾野に遊んで終点の文殊仙寺を目指す。途中、立ち寄るゴロタ平など岩尾根からの眺めは絶景(17.6キロ)。

K-3 文殊仙寺から文殊山の肩を抜けて京乱地区に下り、成仏寺、神宮寺、行入寺など国東の名だたる寺院をめぐって終点の行入ダム公園へ(8.9キロ)。

K-4 世界農業遺産に指定された国東半島の魅力を感じることができる区間。ルート上にはクヌギ林に囲まれた赤松の里や狭間新池などがある(13.4キロ)。

K-5 報恩寺公園から「吉弘楽」で有名な楽庭神社や吉弘城址、三浦梅園旧宅などをめぐる。里道歩きの醍醐味を満喫できる高低差の緩やかな区間(14.3キロ)。

K-6 国東半島峯道ロングトレイルの最終区間。国東半島最高峰(720メートル)の両子山山頂に立ち、満願成就を祈って、終点の両子寺に下る(13.3キロ)。

■なりたち

▷国東半島峯道ロングトレイルは大分県国東市で行われた地域雇用創造推進事業(2011〜14年)の中から構想が生まれ、13年2月に九州初のロングトレイルとして日本ロングトレイル協会に加盟承認された。その後、同年11月のT-4及びK-1コース公開を皮切りに順次、整備、公開をくり返し、15年3月をもって全10区間が開通している。

■アドバイス

▷コースは地域の生活道や私有地の中を通っていることも。挨拶など、地域の人々とのふれ合いを大切にし、マナーを十分に守って歩こう。

▷おすすめの季節は秋から春にかけて。紅葉は11月中旬〜12月初旬。4月〜5月初旬はサクラやナノハナが里道を彩る。

▷時期によっては、ハチやマムシが多い区間もあるので注意すること。

▷コースを歩いていると、「仏の里国東半島山地一周トレッキングコース」の道標を目にする。これは国東市安岐町の地域おこしグループ「明日を見つめる'あき21」が20年以上前に拓いたトレイル(全長約38キロ)で、トレッキングと地域観光の融合を図る日本流ロングトレイルの先駆となる記念碑的なコースだ。

▷コースの詳細や交通アクセス、宿泊施設などについては、ホームページやパンフレット、公式マップ(有料)などで案内されている。

■問合せ先

豊後高田市観光協会☎0978-23-1860
国東市観光協会☎0978-72-5168

■ホームページ

国東半島峯道ロングトレイル
http://www.kunisakihantou-trail.com

23

山中にミニ霊場を抱く奇岩怪石の山

津波戸山

つわどさん
529m

日帰り

歩行時間＝3時間10分
歩行距離＝8・0km

技術度
体力度

コース定数＝13
標高差＝482m
累積標高差 625m 625m

国道10号沿いの杵築市向野からの津波戸山。険しさが一目瞭然だ

国東《くにさき》半島の南西に位置する津波戸山は、凹凸の激しい地形をした耶馬渓《やばけい》式の山である。奇岩怪石が林立し、低山にしてはクサリ場などが多く、登りがいのある山だ。

JR日豊本線**西屋敷《にしやしき》駅**（無人）下車。駅を出たら狭いガードをくぐって松尾《まつお》地区に向かい、公民館をすぎた先の登山者用駐車場で左折、小川に沿って上流に向かう。途中の海蔵寺《かいぞうじ》は、昔、山中にあった山岳寺院の水月寺《すいがつじ》ゆかりの寺で、本コースでたどる八十八カ所霊場の一番札所にもなっている。

屹立する奇岩怪石と遠景に別府湾を見る

段々畑の中の道を進み、行く手に津波戸山が見えてくるとまもなく**登山口**だ。案内板にしたがって進み、右にある溜池をすぎると道が分かれる。左は旧海蔵寺跡で、今は小さな大師堂があるだけ。

右に進み、2つめの溜池の縁を登っていく。この先2箇所で霊場めぐりのコースが分かれる。最初の東岩《ひがしいわ》尾根からの下降点は下山際に、次の取付点でメインルートをはずれて西岩《にしいわ》尾根に向かう。

まず迎えてくれるのが3番を記した石の大師像で、あとは順番にしたがって拝していき、12番で西岩尾根が終わる。絶景を楽しんで岩のすき間の針《はり》ノ耳《みみ》を下ると、倒れかけた大きな石の大師像があり、その手前から直面する岩をよじ登る。なおメインルートは大師像の立つ夫婦《めおと》岩の向こうを通っている。

岩を登りきるとさらに景色がよくなり、背景の岩峰がぐんと近づいてくる。下降点から谷筋に下ると、メインルートが合わさる。ヤブツバキの林をすぎたら避難

■鉄道・バス
往路・復路＝JR日豊本線西屋敷駅。特急は停車しないので、隣の宇佐駅から登山口までタクシーが便利。
■マイカー
東九州道宇佐ICから国道10号を南下、向野交差点の信号で松尾地区へ。登山口の案内板にしたがう。登

大師像の祀られた西岩尾根からの頂上部。左端が三角点峰

所を兼ねた**水月寺奥院**がある。岩間から滲み出る水は「硯石水《けんせきすい》」とよばれ、冷たくておいしい。

谷を登りつめて尾根に達する。T字路を左へ進み岩のバルコニーの津波戸山展望所からの絶景を楽しもう。奇岩怪石を俯瞰し、遠景には由布《ゆふ》岳《だけ》や別府《べっぷ》湾などが望まれる。**津波戸山**の三角点はここから北東へ5分の場所で、さらに尾根の突端からの景色もまたみごとだ。

大きな大師像のあった夫婦岩の近くに戻り、今度は東岩尾根に取り付いて岩上からの景色を楽しもう。ここにも66番から88番までの大師像が祀られている。88番を終わって急斜面の道を下ると往路に合わさる。

（藤田晴一）

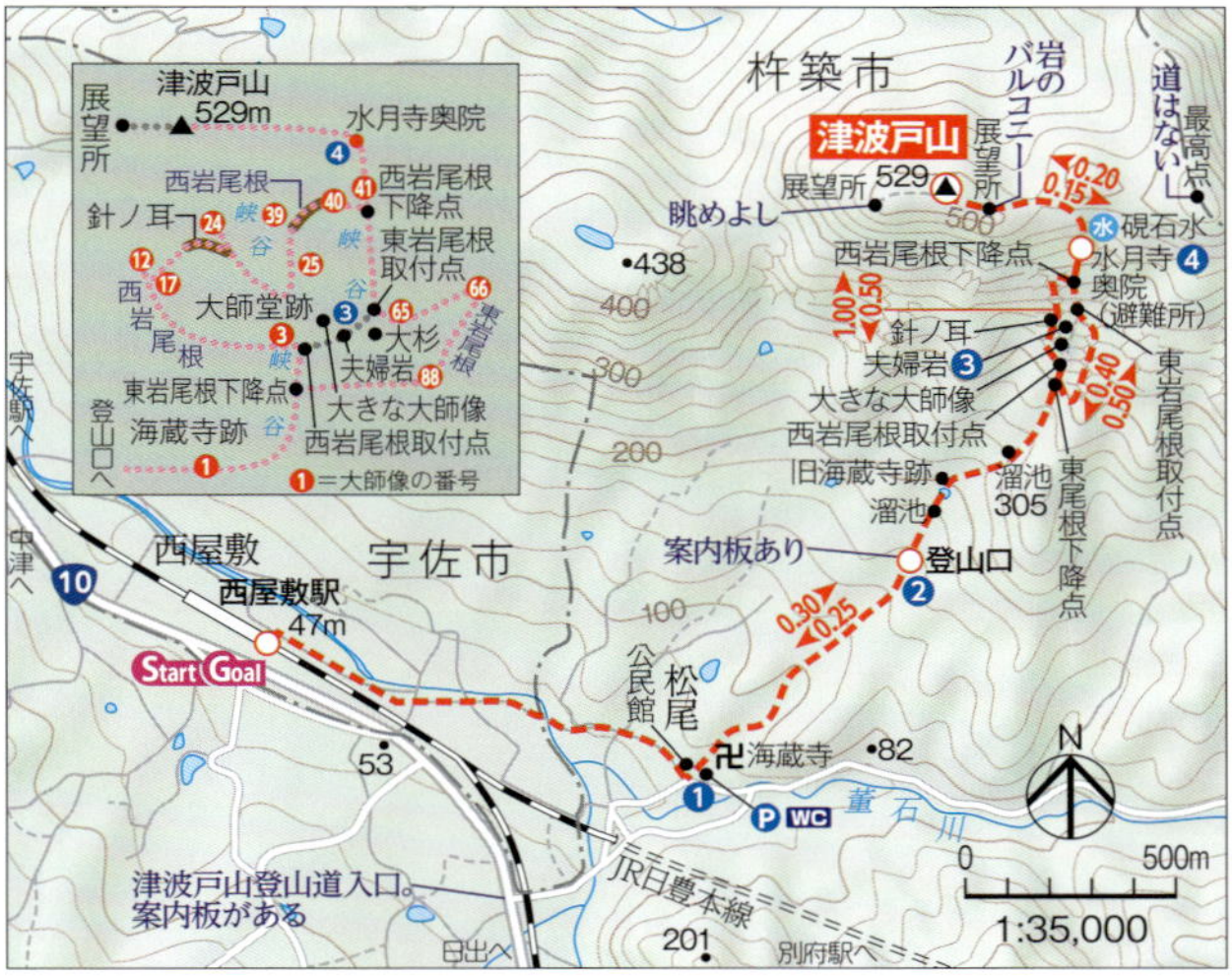

CHECK POINT

1 松尾地区にある登山者専用の駐車場。遠景は目指す津波戸山

2 登山口には案内板があり、とくに岩尾根ルートは目を通しておきたい

3 夫婦岩。気づかずに通過しがちだが、重要なポイントだ

4 避難所を兼ねた水月寺奥院。霊水の「硯石水」でのどを潤そう

←津波戸山の三角点

←ヤブツバキの茂った谷間道を進む。夏のイワタバコも絶品

山者専用駐車場（約30台）にバイオトイレ、登山届箱がある。

■登山適期

年中登山が楽しめるが、風雨、積雪の際は危険。谷筋の道は水量しだいでは流水となる可能性がある。岩山に似合わず草花が多く、ヤブツバキは3月下旬、ムサシアブミやサツマイナモリ、アオダモ、ゲンカイツツジは4月中旬。イワタバコは8月、岩尾根のオオコマユミは11月下旬〜12月上旬にかけて。

■アドバイス

▽水場は水月寺奥院の硯石水で得る。

▽東西にのびた尾根の東側は登山コースとしては整備されていない。尾根到達点の分岐からは左（西）の三角点に向けたコースのみ通行可。

▽霊場めぐりの道は1995（平成7）年に向野地区町づくり推進協議会の人々によって整備された。要所にクサリやロープが固定されているが、通行の際は充分気をつけよう。

■問合せ先

杵築市山香庁舎☎0977・75・1111、宇佐市観光まちづくり課☎0978・32・1111、JR宇佐駅☎0978・37・0004、清瀬タクシー（宇佐市）☎0978・32・2013

■2万5000分ノ1地形図

豊後高田・立石

24

すばらしい展望と妙味のある岩尾根が魅力の山

田原山（鋸山）

たわらやま（のこぎりさん）

542m（大観峰）

日帰り

歩行時間＝2時間10分

歩行距離＝2・5km

技術度

体力度

コース定数＝7

標高差＝233m

累積標高差 ↗235m ↘235m

国道10号沿いを流れる八坂川（杵築市）から北面の田原山を見る

田原山は国東《くにさき》半島に多い地塁のひとつで、鋸歯状の尾根の両側は断崖になっている。「名は体を表す」の通り、西側の杵築《きつき》市山香《やまが》町では「鋸山」の別名で親しまれており、国道10号やJR日豊《にっぽう》本線からも一目瞭然に見てとれる。スリリングな岩稜歩きとプラスアルファの熊野磨崖仏に目を見張る。

JR日豊本線中山香《なかやまが》駅からタクシーで鋸山トンネル手前の**登山口**へ。杉林に取り付いて進むと、やがて道が分岐する。本コースではT字路を左に向かうが、直進して囲《かこい》観音堂から山頂、あるいは近道で山頂に直進することもできる。

左をとって杉林を進むと、やがて尾根に上がる。T字の**分岐**の左は熊野《くまの》磨崖仏《まがいぶつ》に通じている。右に進むとすぐに奇岩怪石が林立し、テラスからは無名《むめい》岩や経《きょう》岩、杓《しゃく》子《し》岩などがずらりと並び立つ。

八方岳の山頂

壮観なさまを楽しんで、いったんキレットに下りると道が二分する。左は岩稜の基部から岩峰に上がり、囲観音堂上部のやせ尾根（行者《ぎょうじゃ》尾根）を通る危険な道。右は基部の杉林を通って囲観音堂横から尾根に上がる無難な道。どちらを選んでも、道は尾根上で合わさる。

絶景を楽しみながら東へ進もう。北側でとくに目立つのが太陽《たいよう》石《せき》で、男性のシンボルを思わせる怪石は、股《また》のぞきで見るのが格別とか。しかし、感動のあまり誤って谷底に落ちないよう充分用心を。

北側のキレットを固定のクサリにつかまって下ったのち、

■鉄道・バス

往路・復路＝JR日豊本線中山香駅からタクシーで登山口へ。登山口まで歩く場合は、駅前から商店街を北に向かい、JRの踏切を渡る。国道10号の下市北交差点から甲尾橋を渡って広域道（速見大田ふれあいロード）を約5㌔・1時間10分。

■マイカー

大分道日出ICから宇佐別府道路大分農業文化公園IC、県道42号、国道10号を経て下市北交差点で広域道（速見大田ふれあいロード）を約5㌔で登山口。駐車場とトイレがある。

■登山適期

通年。ベストはゲンカイツツジが尾根道を彩る4月上旬。オオコマユミの紅葉は11月下旬～12月上旬。

■アドバイス

▽凝灰角礫岩の岩稜はもろくて欠けやすいので要注意。また、風雨、積雪の際は絶対に入山しないこと。

▽熊野磨崖仏は日本の石仏の中でも最大級で、国の史跡・重要文化財に指定されている。必見の文化財だ。

▽熊野磨崖仏から大観峰へ縦走、また逆コースもとれる。いずれの場合も拝観料300円が必要。

▽下山後に山香温泉・風の郷で汗を流すとよく、宿泊もできる。

■問合せ先

杵築市山香庁舎☎0977・75・1111、JR中山香駅☎0977・

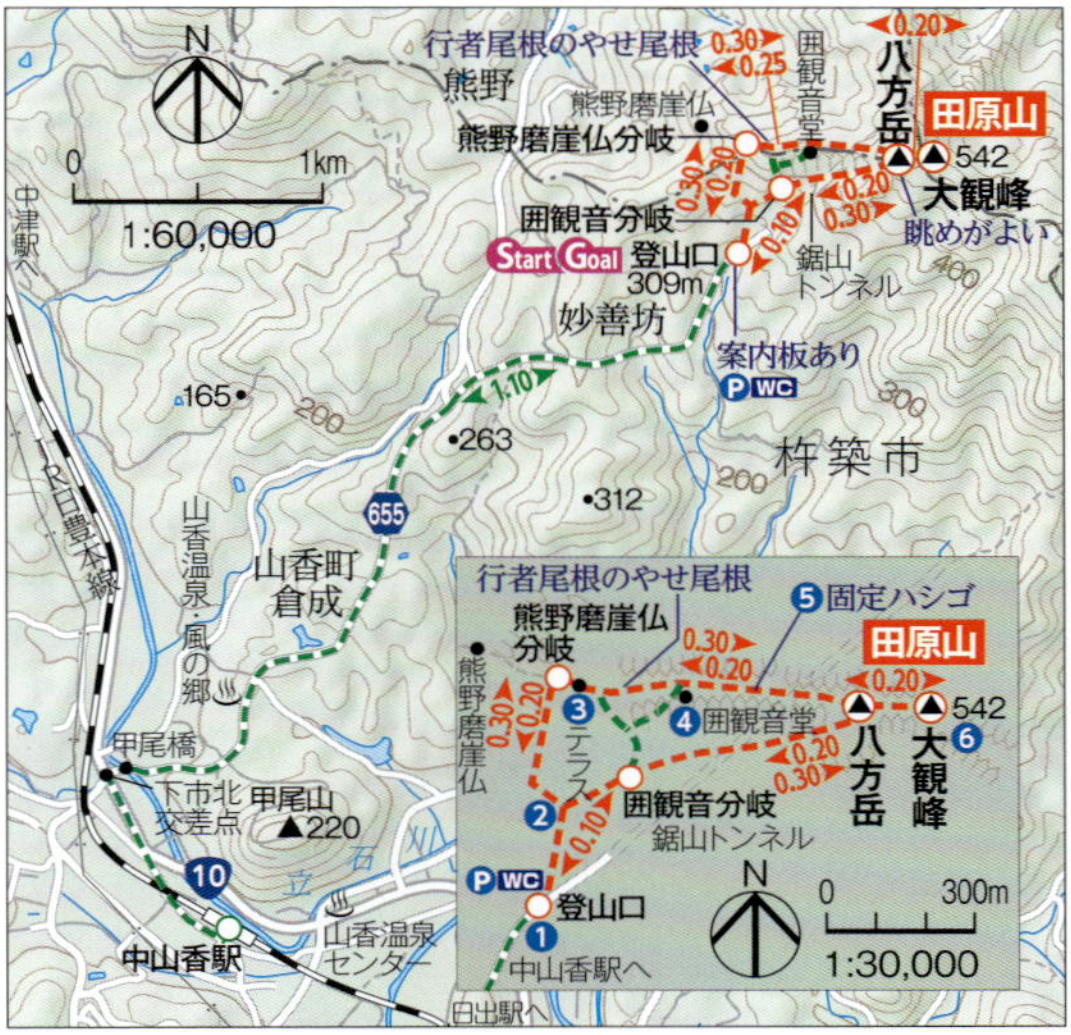

オオコマユミが彩りを添える秋の岩峰

杉林を進み、その先の岩をよじ登ると八方岳《はっぽうだけ》で、ここが事実上の鋸山山頂である。四方八方が見わたせるのでこの名がある。国東半島の山々はもちろん豊前海《ぶぜんかい》や別府《べっぷ》湾、由布岳《ゆふだけ》、鶴見岳《つるみだけ》などが一望のもとだ。

目と鼻の先にある大観峰《だいかんぼう》へも向かおう。いったんキレットに下ったあと、クサリにつかまって登りきったピークが大観峰だ。晩秋ならオオコマユミの紅が奇岩怪石の山を彩り、それはみごとである。

絶景を楽しんだら八方岳に引き返し、南側の支尾根に向かって進むと下山ルートがある。杉林の急傾斜の伐採地を下りていくと、往路の際の分岐に到着する。登山口はもうすぐだ。

（藤田晴一）

熊野磨崖仏。尾根西端の中腹に2体の巨像が刻まれている

75・0035、日出タクシー山香営業所☎0977・75・1135、山香温泉・風の郷（2023年現在休館中）☎0977・75・1126

■2万5000分ノ1地形図

若宮

CHECK POINT

登山口。速見大田ふれあいロードの沿線にある。駐車場、トイレあり

最初の分岐を左にとって尾根に上がる。下山の際の合流点でもある

屹立する無名岩。ほかに杓子岩、子持ち岩など特徴をとらえた名称の岩がある

危険な行者尾根の迂回路に建つ囲観音堂。登山の安全を祈願しよう

固定された足場のある岩を下る

最高点の大観峰。八方岳より高いため、景色は抜群

25 雲ヶ岳・御許山

なだらかな稜線をたどって神います峰へ

くもがたけ 654m
おもとさん 647m

日帰り

歩行時間＝3時間30分
歩行距離＝4・0km

技術度
体力度

コース定数＝10
標高差＝286m
累積標高差 ↗431m ↘431m

杵築市山浦からの雲ヶ岳南面。雲ヶ岳は杵築市の最高峰だ

宇佐神宮の奥宮・大元神社

雲ヶ岳は大分県北東部の杵築《きつき》市中山香《なかやまが》に位置しており、地元では最高峰の一座だ。地元の小中学校の校歌に歌われるなど、親しみをもって称えられている。一方の御許山は宇佐《うさ》市の南に位置し、雲ヶ岳とは同一の尾根でつながっている。もとより御許山は神体山で、全国八幡宮の総本宮である宇佐神宮の奥宮が祀られており、当然のことながら山頂は禁足の霊地だ。

ここでは雲ヶ岳からの尾根道で御許山詣でのコース紹介となる。

JR日豊《にっぽう》本線中山香駅からタクシーで芋恵良《いもえら》集落の**雲ヶ岳登山口**へ。集落の一角に登山者用の駐車場があり、ここが起終点となる。

駐車場を出て右折、坂道（参道）を登ると白山《はくさん》神社がある。雲ヶ岳取付点は神社の横だが、まずは参拝をすませてからだ。

出発してまもない第1展望所までは、平坦な道を進む。途中には東京タワー（333メートル）や東京スカイツリー（6

■鉄道・バス
往路・復路＝JR日豊本線中山香駅からタクシーで芋恵良の雲ヶ岳登山口へ。中山香駅は特急が停車しないので、特急利用の場合は同線の宇佐駅か杵築駅からタクシーを利用する。

■マイカー
宇佐別府道路大分農業文化公園ICから県道42・716号で杵築市山浦へ。山浦から市道で雲ヶ岳登山口へ。「雲ヶ岳登山口」の案内板が各所にある。なお、山浦からの道は幅が狭いので、運転には要注意。

■登山適期
3月中旬～12月中旬。尾根道のヤマザクラは4月中旬、カエデは5月上旬。紅葉はカエデが11月中旬から下旬にかけて。

■アドバイス
▽山中に水場はないので、事前に充分用意しておく。
▽夏場はブヨ、マムシに注意。
▽厳冬期は山頂直下（東弘法・西弘法）の巨岩の壁面が凍結状態にあるとき、気温の上昇で緩みが生じ、落石事故につながることが充分考えられる。入山は控えよう。

■問合せ先
杵築市山香庁舎☎0977・75・1111、宇佐市観光まちづくり課☎0978・32・1111、JR中山香駅☎0977・75・0035、日出タクシー山香営業所☎0977・

南北に峰が連なる雲ヶ岳（左）と御許山（右）を東面から見る

34（メートル）の高さと同じ標高に立つ、ユニークな発想のプレートもある。**中《なか》展望台**まで上がると道が左右に分かれる。ルートをはずれて左に向かうと西弘法《にしこうぼう》で、巨岩の下に石の大師《だいし》像が祀られ、神秘感が漂う。ルートに戻るとまもなく東《ひがし》弘法で、西と同様に石像が祀られている。この巨岩の上部が雲ヶ岳の山頂で、ここではその基部を巻くようにして進み、やがて円頂丘へ。カシやタデ、ナナミノキなどの樹林帯をすぎると、あっけなく**雲ヶ岳**の山頂に到達する。周囲は雑木がうるさく、展望は北側の海岸部が一部見えるだけだ。

　山頂をあとに、御許山に向かおう。すがすがしい樹林帯の道を進み、途中で西麓の正覚寺《しょうかくじ》からの道を合わせるとやがて大元《おおもと》神社境内に入る。ヤブツバキやイチイガシの茂った森を進み、石畳の参道を歩ききると**大元神社**だ。北向きに建てられた神社の背後の森は立入禁止区域となっており、ここから遥拝しよう。四拍手の柏手の音が山頂にこだまして、帰ってくれば山頂を往復したことになろう。

　下山は往路を引き返す。

（藤田晴一）

75・1135、清瀬タクシー（宇佐市）☎0978・32・2013、杵築国東合同タクシー（杵築市）☎0978・62・2220

■2万5000分ノ1地形図

立石

CHECK POINT

芋恵良地区にある登山口駐車場。工夫をこらして登山者を迎えている

取付点。山頂までの到達距離を示すプレートがある

巨岩の下に観音像を祀る西弘法。立ち寄りたくなる場所だ

東側にも同様の像を祀った東弘法がある。岩の基部を巻くようにして進む

1等三角点の雲ヶ岳山頂。周囲を雑木にさえぎられ展望はない

正覚寺コースとの合流点にある小さな石像

26

目を見張る、摩訶不思議な巨石群

米神山

こめかみやま
475m

日帰り

歩行時間＝2時間
歩行距離＝2・1km

技術度
体力度

コース定数＝8
標高差＝368m
累積標高差 370m 377m

南麓の佐田神社からの米神山。秋の実りは神への捧げものか

山頂からの由布岳や鶴見岳など南側の展望

米神山は宇佐《うさ》市の南、安心院《あじむ》町佐田《さだ》に位置する山で、山麓にある立石《りっせき》は「佐田京石《きょういし》」で知られる。驚くことにこの立石と同様の怪石が山中に散らばっており、それらがはたして自然のものなのか、あるいは人工物なのかは長年にわたり議論されているが、今もって謎だ。また、山名も何やらいわくありげで、地元では「神の宿る山」として親しまれ、また崇められている。

京石は県道脇にあるため否応なしに人目をひき、近年ではパワースポットとして人気を集める。この佐田京石が、米神山の登山口だ。

JR日豊《にっぽう》本線宇佐駅からタクシーで**登山口**へ。駐車場とトイレ、登山届箱がある。

京石の右側から入山し、スギの道を登っていく。尾根に上がったあともスギの道が続く。途中にある露岩からは、由布岳《ゆふだけ》や鶴見岳《つるみだけ》が遠望できる。

指導標をたよりに中腹に上がると、ひょいと目に飛びこんでくるのが月《つき》ノ神谷《かみだに》の石のモニュメントで、そのさまはまるで野外彫刻そのもの。息をのむような、しかし言葉では表現が難しい怪石に意表を突かれながら上へと進む。

分岐で右へ進むと、そこには倒れた石、倒れかかった怪石がゴロゴロで、後ろの柱状節理の断崖と相まってなおのこと不思議な空間をつくりあげている。

分岐に戻って急傾斜の道を上に向かい、登りきると**米神山**の山頂に着く。そこでまたびっくり、不ぞろいな石を並べた環状列石（？）があり、配置の様子からして人手が加わったであろうことはおおよそ見当がつく。その背景には由布岳や鶴見岳、さらに九重《くじゅう》山群も望見できる。

余韻に背中を押されながら下山路を西にとり、スギの道を下る。と

■**鉄道・バス**
往路・復路＝JR日豊本線宇佐駅からタクシーで登山口へ。登山口の周辺を宇佐市コミュニティバスが運行しているが、登山には使いづらい。

月ノ神谷のモニュメント。摩訶不思議としか言いようがない

ころが並はずれた急傾斜の道で、張られたロープにしっかりつかまって下っていく。途中に日《ひ》ノ神谷とよばれる巨石群があり、そのひとつひとつに度肝を抜かれながら、やがて**下山口**にたどり着く。

この先、市道を南に進み、県道に出て**登山口**に引き返す。

（藤田晴一）

CHECK POINT

1 登山口にある佐田の京石。余韻にひたる間もなくこの先も巨岩が点在する

2 巨石群分岐。東に20～30㍍ほど行くと、いくつかの柱状節理が見られる

3 倒れたもの、倒れかけたもの、それらすべてがげに不思議

4 山頂の環状列石。明らかに人手を加えたように見える遺構だ

5 急斜面のスギの中の道。えんえんと張られたロープにつかまって下る

6 熊地区の下降点に下り着いてやれやれだ。あとは車道を登山口へ

■**マイカー**
大分道日出JCTから宇佐別府道路で安心院ICへ。県道42号で安心院町佐田へ。左折して県道658号で登山口へ。駐車場（約20台）とトイレ、登山届箱がある。

■**登山適期**
オールシーズンで登山が楽しめる。人工林が多いために季節感はほとんどないが、新緑は4月中旬から下旬、紅葉は11月中旬から下旬にかけて。

■**アドバイス**
▽山中に水場はないので、事前に充分用意しておく。
▽登山口から南へ600㍍行くと佐田老人憩いの家（佐田温泉）がある。入浴料300円、13～21時（4～9月）・13～20時（10～3月）、火曜休。
▽山麓の米神山巨石祭りは3月第2日曜頃。神事と米神山探勝登山会が催される。

■**問合せ先**
宇佐市安心院支所☎0978・44・1111、佐田地区まちづくり協議会☎0978・44・0312、JR宇佐駅☎0978・37・0004、清瀬タクシー（宇佐市）☎0978・32・2013、ぽんちタクシー（宇佐市安心院）☎0978・44・1188、佐田老人憩いの家☎0978・44・2180

■**2万5000分ノ1地形図**
立石

27 鹿嵐山

知る人ぞ知る、絶景の峠のある山

日帰り

かならせやま
758m（雄岳）

歩行時間＝2時間30分
歩行距離＝5・2km

技術度
体力度

コース定数＝**12**

標高差＝461m

累積標高差 634m 634m

不思議な形をした岩がそそり立つ地蔵峠の景

やせ尾根の道と行く手に鹿嵐山

景勝、耶馬溪《やばけい》の名づけ親が、頼山陽《らいさんよう》であることをご存知の方は多いはず。耶馬溪は点在する地域ごとに本、深《しん》、裏《うら》、奥《おく》耶馬溪に大別され、さらに羅漢寺《らかんじ》、津民《つたみ》、東《ひがし》ほかを加え、「耶馬八景」「耶馬十景」とよばれる。

鹿嵐山は中津《なかつ》市本耶馬渓町の東に位置し、宇佐《うさ》市院内《いんない》町に接している。なかでも北尾根の「地蔵《じぞう》峠の景」は侵食作用によりできた景勝地で、鹿嵐登山の醍醐味を満喫できる。

登路は東と西にそれぞれあるが、ここではコースのはっきりしている東側の院内町からたどることにしよう。

JR日豊《にっぽう》本線中津駅からバスで円座《えんざ》へ。タクシーに乗り換え小野川内《おのかわうち》の**鹿嵐第一登山口**へ。登山口下方にはマイカー

■**鉄道・バス**
往路・復路＝JR日豊本線中津駅から大交北部バスで円座へ。タクシーに乗り換え第一登山口へ。

■**マイカー**
別府宇佐道路院内ICから国道387号、県道664号を経由して登山口のある院内町小野川内へ。第一登山口、その先の第二登山口ともに駐車場がある。

■**登山適期**
ベストは紅葉期で、とくに「地蔵峠の景」はおすすめ。奇岩・奇峰に紅葉したツタやカズラが着生したさまはなおのこと絶景。4月下旬のツクシシャクナゲのシーズンも見逃せない。

■**アドバイス**
▽水場は第一登山口と第二登山口の間に豊前の名水がある。
▽円座バス停から第一登山口まで歩く場合は約8キロ、2時間。

■**問合せ先**
宇佐市院内支所☎0978・42・5111、中津市本耶馬渓支所☎0979・52・2211、JR中津駅☎0979・22・5361、大交北部バス☎0979・22・0071、院内タクシー☎0978・42・5011

■**2万5000分ノ1地形図**
下市・耶馬溪東部

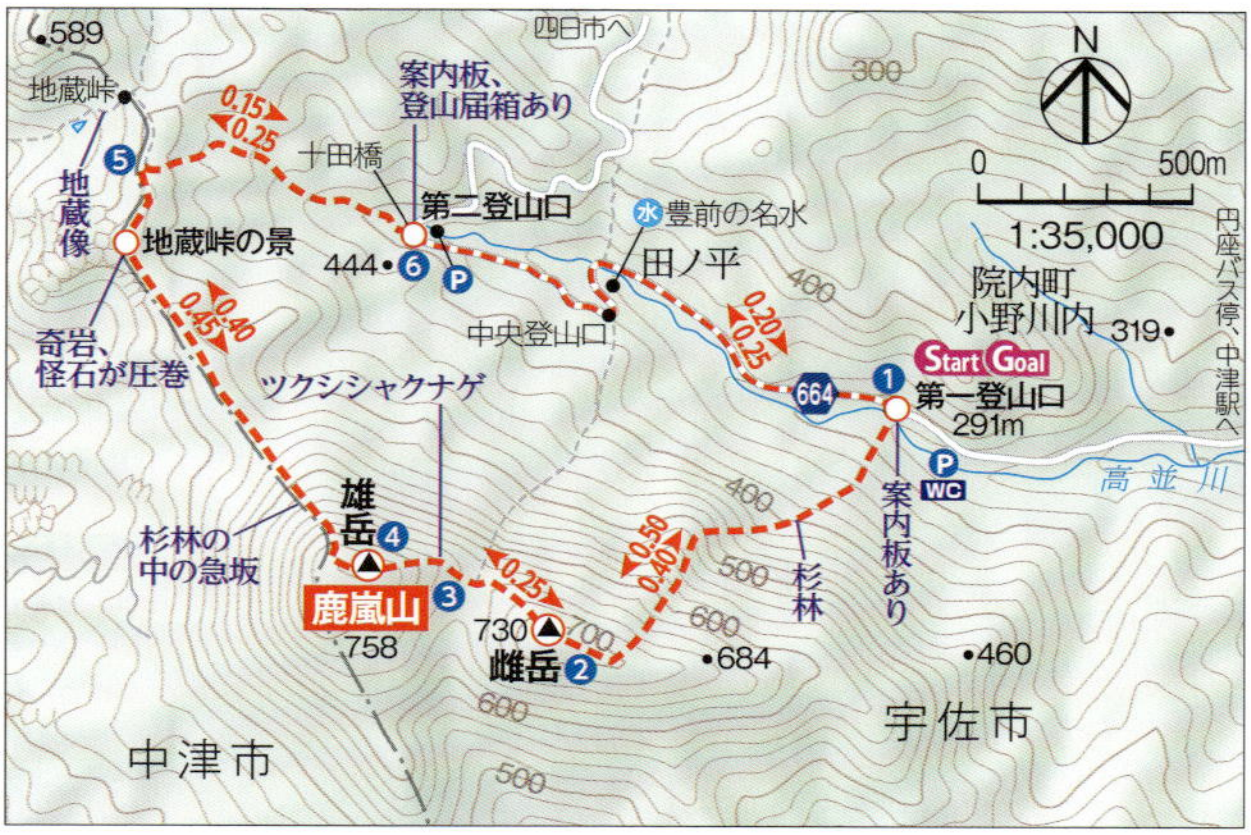

の駐車場もある。

県道の左脇から田んぼに下り、高並《たかなみ》川を渡って杉林を進む。しだいに傾斜を増した道を登っていき、尾根に上がると石祠のある**雌岳**《めだけ》（730㍍）に着く。周りを雑木林に囲まれているために視界はきかないが、柏手を打って拝礼し、西に向かう。

鞍部に下ると田《た》ノ平《ひら》（中央登山口）からの道が出合う。ここから雄岳までは15分の登りだ。途中のツクシシャクナゲの群落は花咲く初夏が圧巻。登り着いた鹿嵐山（**雄**《お》**岳**《だけ》）三角点からは、八面山《はちめんさん》や宇佐平野、豊前海《ぶぜんかい》が望まれる。

山頂をあとにして雑木林を西に進み、途中から進行方向を北に変えて急傾斜の杉林を下っていく。立木につかまったり、地にへばりついたりで、たいへんな苦労の末、ようやく平坦地に下り着く。やせ尾根をすぎ、雑木林をくぐり抜けた途端、目に飛びこんでくるのが、奇岩奇峰を立てた「**地蔵峠の景**」である。万里の長城にもたとえられる不揃いな岩のオブジェに圧倒されながらも、しかし気を許すと下は千尋の谷。

やせ細った岩稜の細道をこわごわと伝って地蔵峠方面に下りると、T字路で道が分かれる。ここでは右に向かって進み、杉林をすぎると十田《じゅうでん》橋の**第二登山口**に下り着く。さらに県道を20分で**第一登山口**に戻る。

（藤田晴一）

小野川内からの鹿嵐山。手前が雌岳、奥が雄岳

CHECK POINT

1 第一登山口。約30台分の駐車場やトイレ、案内板が設置されている

2 ピークのひとつ雌岳山頂（730㍍）。樹林に囲まれた山頂に石祠がある

3 雌岳と鹿嵐山（雄岳）間の鞍部にある中央登山口からの道との合流点

4 鹿嵐山の最高点（758㍍）となる雄岳の山頂。展望のよい場所だ

5 地蔵峠手前の分岐。第二登山口へはT字路の右に行く

6 第二登山口。約10台分の駐車場や案内板、登山届箱がある

28

山伏の遺構が残る、歴史の刻まれた山

檜原山

ひばるさん

735m

日帰り

歩行時間＝50分

歩行距離＝2・0km

技術度 ★☆☆☆☆

体力度 ★☆☆☆☆

コース定数	＝3
標高差	＝144m
累積標高差	↗150m ↘150m

津民川右岸の大野からの檜原山

正平寺展望台からの由布岳や九重山の眺め

中津市耶馬溪町《なかつややばけいまち》の北に位置する檜原山は、メサ（卓状地形）の台地にビュート（小規模なメサが孤立した地形）が載る複合の山体である。中腹には天台宗《てんだい》の古刹、正平寺《しょうへいじ》がある。奈良《なら》時代の開基と伝えられ、天平勝宝《てんぴょうしょうほう》年間には孝謙《こうけん》天皇の勅願所として、のちには中津藩の祈願所として栄えたといわれる。伝統の「檜原まつ」は神仏習合の姿を残す貴重な祭りである。

JR日豊《にっぽう》本線中津駅からのバスを柿坂《かきさか》で下車。タクシーに乗り換え**正平寺**へ。

大池《おおいけ》に沿って参道を上がると、南向きに建てられた正平寺本堂がある。本堂の左側を進んだところが登山口で、杉林を登っていく。まもなく道が分岐し、「上りは左、下りは右」の指導標がある。山腹を西から巻くようにして進むと押別《おしわけ》岩があり、名の通り岩を押し別けるようにして通り抜ける。針《はり》の耳《みみ》で体を細め、左京《さきょう》の橋を通って東へ。アカマツやシイ、タブなどの茂った道を進むと分岐点がある。右に分かれる道は下山の際の道。左に進むと上宮《じょうぐう》と白山《はくさん》権現の石祠が

■鉄道・バス

往路・復路＝JR日豊本線中津駅から大交北部バスで柿坂へ。タクシーに乗り換え正平寺へ。

■マイカー

中津方面から国道212号を進み、津民入口から県道2号へ。檜原山入口を右に入り約6キロで正平寺。寺内に広い駐車場とトイレがある。

■登山適期

年中登山が楽しめるが、山菜採りも兼ねた4月中旬〜下旬がベスト。新緑は5月上旬で、千本カツラの萌黄も見逃せない。紅葉は11月上旬〜中旬にかけて見ごろとなる。

■アドバイス

▽中畑バス停（柿坂で中津市コミュニティバス乗り換え）から正平寺へ徒歩1時間40分（下り1時間20分）。

▽山中には水場がないので出発前に充分用意すること。

▽「檜原まつ」は大分県無形民俗文化財であり、神輿の神幸や僧兵行列と呼び物のユーモラスな御田植祭りがある。4月第2日曜に正平寺境内で行われる。

▽千本カツラ（大分県指定天然記念物）までは往復25分。

▽正平寺の東、300メートル手前の展望所からは豊前海、国東半島、由布岳、九重山群、祖母・傾山地などが一望でき、とくにご来光は圧巻。

■問合せ先

大分県の天然記念物となっている千本カツラ

東向きに並び立っている。

檜原山山頂の三角点（3等）は上宮から西へ100メートルの杉林の中にある。視界はまったくきかないが、さらに奥に踏み入ると、古《ふる》権現とよばれる岩座《いわくら》がある。修験道でいう石体《せきたい》権現である。ここからは英彦山《ひこさん》や鷹《たか》ノ巣《す》山《やま》、犬《いぬ》ケ《が》岳《たけ》などの山々が一望できる。

分岐点に引き返し、道を東に向かって下る。道すがら行《ぎょう》者窟《じゃくつ》（金《こん》剛《ごう》窟）、護摩《ごま》焚《だ》き岩、弁天《べんてん》岩(こうもり岩)、天満宮《てんまんぐう》岩、金刀比羅《こんぴら》岩、大神宮《だいじんぐう》岩などの修行場があり、あたりの森と溶け合って厳粛な気持ちになる。やがて分岐点に下り、登路と合流し**正平寺**に戻り着く。

また、千本カツラとよばれるカツラの巨樹が、庫裏の手前を右に行った北斜面にある。檜原山で修行した役行者が大和《やまと》の葛城山《かつらぎさん》から持ち帰ったと伝えられるもので、高さ約20メートル、一株から30本くらいに枝分かれし、穀物の神である宇賀の神が宿るという。一見に値する。

（藤田晴一）

中津市耶馬溪支所☎0979・54・3111、JR中津駅☎0979・22・5361、大交北部バス☎0979・22・0071、耶馬溪交通タクシー☎0979・54・2024

■2万5000分ノ1地形図
耶馬溪西部

CHECK POINT

1 池のそばの鳥居をくぐって参道を進むと檜原山の登山口がある

2 登りはじめてまもなく分岐点に出る。登路は左へ。下山時もここに戻ってくる

3 「よこしまな人は通れない」とされる針の耳。狭い岩の間を抜けていく

4 上部の分岐を左に行くと、上宮と白山権現の石祠が建っている

5 3等三角点がある檜原山の山頂。展望は奥に進んだ岩座で楽しめる

6 下山路は護摩炊き岩をはじめ、道沿いに修行場が並んでいる

北面の犬ヶ岳から遠望する中摩殿畑山(左奥は九重山群)

29

日帰り

中摩殿畑山

なかまとのはたやま
991m

雨乞いの神います伝統に満ちたブナ原生林の山

歩行時間＝2時間45分
歩行距離＝5・0km

技術度 ▲▲▲▲▲
体力度 ♥♥♥♥♥

コース定数	＝11
標高差	＝480m
累積標高差	↗ 490m ↘ 490m

一風変わった山名が興味津々だが、昔、中摩村一帯を支配した豪族、中間氏にちなんでのことらしい。八大《はったい》龍王《りゅうおう》を山頂に祀ることから「龍王山《りゅうおうさん》」の別名もある。筑紫《ちくし》溶岩からなる溶岩台地で、ブナの原生林があることでも知られる。

JR日豊本線《にっぽう》中津《なかつ》駅からバスを利用、国道212号の犬王丸《いぬおうまる》で下車。道の駅やまくにでタクシーに乗り換えて岩伏《いわぶし》の登山口へ向かうことになる。ただし、道の駅にタクシーは常駐していないので、事前に予約しておこう。登山口までは6キロあまりの道のりだ。

マイカーは国道212号の道の駅やまくにから田野尾《たのお》川左岸に沿って岩伏へ向かう。途中には雪舟《せっしゅう》庭《てい》や鷲《わし》岩、京《きょう》岩、天ノ《あま》岩戸《いわと》などの名勝・旧跡がある。

岩伏集落の最奥部が**登山口**で、案内板と指導標がある。マイカーは集落の手前にある天ノ岩戸入口の駐車場を利用する。

登山口をあとにして小沢沿いに作業道を進み、市平両畑《いちびらりょうばた》林道に上がる。ここから再び杉林に取り付き、急坂を登っていく。

杉林が終わってカエデやブナ、

■鉄道・バス

往路・復路＝JR日豊本線中津駅から大交北部バスで犬王丸へ。バス停そばの道の駅やまくにでタクシーに乗り換え登山口へ。犬王丸バス停から歩く場合は登山口まで約6キロ・1時間40分。

■マイカー

中津方面から国道212号を進み、道の駅やまくにから田野尾川に沿って岩伏へ。集落手前の天ノ岩戸入口の駐車場を利用する。駐車場から登山口へ350メートル・徒歩5分。

■登山適期

ツクシシャクナゲの開花は5月上旬。ブナやミズナラ、カエデなどの新緑は5月中旬～下旬にかけてがベスト。紅葉は11月上旬～中旬にかけてで、周辺の岩峰がさえるのも同時期。

■アドバイス

▽水はコース途中の流れで得られるが、涸れることもあるので出発前に充分用意すること。

▽雪舟庭は山際を利用した池泉観賞式庭園で、鷲岩と京岩を借景にしたと伝えられる。ただし今のところ雪舟作庭の決め手となる資料はない。

▽天ノ岩戸は岩伏集落の南側山中にある景勝地で、自然の岩窟と天空に架かる岩橋の西京橋は息をのむほどの迫力。秘境中の秘境として脚光を浴びている。駐車場から往復30分。

■問合せ先

ミズナラなどの自然林に変わると、やがて大野々《おおのの》林道に出合う。この林道を西へ500㍍ほど進むと**尾根取付点**があり、指導標にしたがって急斜面を登る。尾根に上がると、ツクシシャクナゲの群生地で、花時の5月上旬はみごと。空を覆うブナやミズナラ、カエデなどの巨樹も見応えがあり、新緑と紅葉のシーズンは格別の趣だ。

尾根をさらに西へ向かうと**中摩殿畑山**三角点に到着する。八大龍王を祀る小さな社が東向きに建てられ、木製の鳥居もある。

小社の背後からの眺めがよく、英彦山《ひこさん》や鷹ノ巣《たかのす》山、万年山《はねやま》や九重《くじゅう》山群、犬ヶ岳《いぬがたけ》などが一望のもとに見わたせる。目前にある端正な山は南尾根のピークで、踏跡をたどれば一投足の距離で行くことができる。展望はよくないが、アブラチャンの林がすばらしい。

下山は往路を引き返す。（藤田晴一）

中津市山国支所☎0979・62・3111、JR中津駅☎0979・22・5361、大交北部バス☎0979・22・0071、第一交通山国営業所（タクシー）☎0979・62・3131

■2万5000分ノ1地形図
耶馬溪西部

紅葉に彩られた山頂（左上）への道

山頂からの英彦山（左）と鷹ノ巣山

CHECK POINT

岩伏集落奥の中摩殿畑山登山口。駐車場は手前の天ノ岩戸入口にある

沢沿いの作業道を登っていくと市平両畑林道に出る。これを横切って進む

杉林の急坂を、大野々林道へと登っていく

大野々林道に出る。石積みが目印だ。山頂へは林道を左（西）にとる

中摩殿畑山山頂。東向きに建てられた八大龍王を祀る小社がある

30 貴重なブナ林と、山のシンボル・ツクシシャクナゲに出会う

犬ヶ岳

いぬがたけ
1131m

日帰り

歩行時間＝3時間30分
歩行距離＝6・0km

技術度

体力度

コース定数＝**16**

標高差＝611m

累積標高差 840m 840m

犬ヶ岳は、大分県の北西部に長大な山体を横たえ、福岡県と境をなしている。西方にある英彦山《ひこさん》とは峰続きの溶岩台地で、東西にのびる尾根上には4つのピークが並ぶ。西から一《いち》ノ岳《たけ》、二《に》ノ岳、主峰（甕《かめ》ノ尾《お》）、三《さん》ノ岳（大日岳《だいにちだけ》）の順である。

山の中腹まではスギ、ヒノキの人工林が占めるが、それを越えるとブナやミズナラ、カエデなどの自然林が保たれている。尾根に多いツクシシャクナゲは犬ヶ岳のシンボルで、昔、厳しい修行に励んだ山伏たちをどれほど慰めたことであろう。ここでは南側（大分県側）の中津市耶馬溪町《なかつしやばけいまち》相《あい》ノ原《はら》からたどることにしよう。

稜線を彩るツクシシャクナゲ。「犬ヶ岳のツクシシャクナゲ自生地」として国の天然記念物に指定されている

南面の中摩殿畑山からの犬ヶ岳。中央が主峰、右端が笈吊岩

JR日豊本線《にっぽう》中津駅からのバスを柿坂《かきさか》で下車。タクシーに乗り換えて相ノ原の集落はずれにある**犬ヶ岳登山口**へ。マイカーは路肩スペースに停める。

指導標にしたがって林道毛谷村《けやむら》線起点の三差路で右の作業道に入り、渓谷沿いに進む。入口には石柱のゲートがある。突き当たりの

■鉄道・バス

往路・復路＝JR日豊本線中津駅から大交北部バスで柿坂へ。タクシーに乗り換え登山口へ。

■マイカー

中津方面から国道212号を進み、国道212号の津民入口から県道2号で林道毛谷村線起点の犬ヶ岳登山口へ。駐車場がないため、路肩スペース（数台程度）に停める。

■登山適期

ツクシシャクナゲの花咲く5月上旬がベスト。ブナやミズナラ、カエデなどの新緑も同時期に楽しめる。紅葉は10月下旬～11月上旬で、アブラチャンやカエデ、ブナ林もみごと。

■アドバイス

▽水はコース途中の流れで得られるが、上流に行くにしたがって涸れることもあるので、早めに補給する。

▽山頂（甕ノ尾）からは平安時代後期の甕が発見されている。経文や経筒を入れて土中に埋納したもので、別名の甕ノ尾もこれに由来するという。また、昔、犬ヶ岳に棲む鬼神を猛覚魔卜仙という山の僧が退治し、その霊を甕に封じこめ山頂に埋めたからともいう。

▽相ノ原にいたる途中の河原には、中世、当地を支配した野中氏の長岩城跡がある。扇山（530m）に本丸跡があり、また砦を改修した石積櫓は貴重で、全国でもまれ。所要1

T字路で右折、渓谷右岸の舗装路を上流へ向かい、杉林の中のS字路をすぎるとまもなく掘り切りの手前に登山道取付点がある。

この先、杉林の急勾配を登り、やがて**笈吊峠**《おいづる》に登り着く。峠ではウグイス谷(北)、経読岳《きょうよみだけ》(東)、笈吊岩(西)からの道がそれぞれ合わさる。

左に向かい、急崖の笈吊岩をクサリにしがみつくようにしてよじ登る（初級者や悪天候時は巻道を通るほうがよい）。必死の思いで登りきると、あとは軽快なシャクナゲ道となる。30分ほどで三ノ岳（**大日岳**）に着く。

西に進み、いったん鞍部に下りる。左上に見上げるのが犬ヶ岳山頂の甕ノ尾だ。ひと登りで**犬ヶ岳**三角点に到着する。

山頂にはコンクリート製の避難小屋を兼ねた展望台がある。しかし、周りを樹木にさえぎられていて展望はさえないが、それでも英彦山、九重《くじゅう》山群、阿蘇山《あそさん》、豊前市など、垣間見る景色に目を凝らしたのち、往路を引き返そう。

（藤田晴一）

山頂からの南面。遠く由布岳や九重山群が見える

時間30分。

■問合せ先
中津市耶馬溪支所☎0979・54・3111、JR中津駅☎0979・22・5361、大交北部バス☎0979・22・0071、耶馬溪交通タクシー☎0979・54・2024

■2万5000分ノ1地形図
耶馬溪西部・下河内

CHECK POINT

1

相ノ原集落はずれの犬ヶ岳登山口。わずかな駐車スペースがある

2

舗装路を登り上げると、やがて登山道への取付点に出る

3

ベンチや案内板などのある稜線上の笈吊峠。山頂へは左に進む(上は笈吊岩)

4

クサリの架かる笈吊岩。山伏たちが背中の笈をはずして吊り上げたという難所だ

5

犬ヶ岳の最高点・甕ノ尾に建つ展望台。避難小屋を兼ねている

東側の四季彩ロードから見る万年山

31 万年山

目を見張る柱状節理をもつ大展望の山

日帰り

はねやま 1140m

歩行時間＝3時間
歩行距離＝7・9km

技術度 ★☆☆☆☆
体力度 ★☆☆☆☆

コース定数	＝**13**
標高差	＝587m
累積標高差	↗ 581m ↘ 581m

玖珠《くす》盆地の南に悠然と横たわる万年山は、すぐ北隣にある伐株山《きりかぶさん》とともに玖珠町のシンボルである。日本屈指の大規模なダブルメサの溶岩台地は上万年《うわばね》、下《した》万年《ばね》とよばれ、東と南面には柱状節理が発達し、断崖絶壁となっている。山頂の上万年は平坦地で、広さは東西3キロ、南北0・5キロに及んでいる。

下万年のミヤマキリシマ群落

登山ルートは北と南側にあるが、ここでは南の黒猪鹿《くろいか》から九州自然歩道をたどることにしよう。JR久大《きゅうだい》本線豊後中村《ぶんごなかむら》駅からタクシーで**登山口**へ。

万年山を遠望しながら林道（九州自然歩道）を直進し、堰堤下の流れをまたいで対岸に渡る。谷沿いの道を進み、杉林をすぎると万年山がしだいに近づいてくる。再び杉林に入り、これをすぎたら「おしがおの台」とよばれる草原で、北の方に

■**鉄道・バス**
往路・復路＝JR久大本線豊後中村駅からタクシーで登山口へ。登山口近くに九重町コミュニティバスの木納水バス停があるが、バスは水・金曜のみ（バスはJR久大本線引治駅から乗車）。

■**マイカー**
大分道玖珠ICから国道210・387号で九重町黒猪鹿へ。登山口近くの黒猪鹿地区改善センター付近の路上に停めるが、他車の通行の妨げにならないよう配慮すること。

■**登山適期**
5月下旬のミヤマキリシマのシーズンと一面が緑に包まれる6月上旬〜7月下旬にかけてがよい。ミヤマキリシマ群落地は北斜面の万年山牧場の中にある。草紅葉は10月下旬。

■**アドバイス**
▽山中に水場はない。
▽緊急の際の避難場所「万年山休憩所」は山頂から登山道を北に10分のところ。トイレと水場がある。
▽北側の鎗水登山口からは鎗水（2時間30分→←2時間）下万年（40分→←30分）万年山。
▽登山口から国道387号に出て南に向かうと野趣満点の壁湯がある。

■**問合せ先**
玖珠町商工観光政策課☎0973・72・1111、九重町商工観光・自然保護課☎0973・76・2111、

CHECK POINT

黒猪鹿生活改善センター。車3台分の駐車スペースがある

▼

林道から作業道に移ると、まもなく山頂への取付点がある

▼

山頂への取付点。杉林をすぎるといっぺんに視界が開ける

▼

ササ原の道が心地よい。ここまで来ると山頂はもうすぐだ

▼

万年山山頂。はてしなく続くこの緑こそが九州の山の特徴だ

はクジラをデフォルムしたような上万年が際立つ。進むにつれて節理の様子もはっきりしてくる。

林道に出たら西へ進み、すぐに右の斜面に取り付く。杉林を抜けて草の斜面になると大展望が開け、景色を背にして登っていく。やがて道が平坦になり、背丈ほどにのびたクマザサをかき分けるようにして進む。マツやミヤマキリシマが増えてくると山頂は近い。山頂手前で万年山牧場からの道が出合い、西へ向かうと1等三角点の**万年山**に到着する。

広々とした山頂からは360度にわたって大展望が満喫できる。東の由布岳《ゆふだけ》、南西の九重《くじゅう》山群、南の涌蓋山《わいたさん》、阿蘇山《あそさん》、北の耶馬溪《やばけい》山地などが一望のもとに見わたせる。また一帯は草花の豊庫でもある。春のハルリンドウやキスミレ、初夏のミツバツツジやミヤマキリシマ、夏のカワラナデシコやキスゲ、秋のイワギク、アソノコギリソウ、マツムシソウなど多種多彩だ。

大展望に見あきたら往路を引き返そう。

（藤田晴一）

JR豊後中村駅☎0973・77・6824、みやまタクシー（九重町）☎0973・78・8822、九重町コミュニティバス☎0973・76・3807

■2万5000分ノ1地形図
豊後中村

みごとな柱状節理の上万年（おしがおの台から）

東面の渡神岳からの釈迦ヶ岳。山頂は本城、普賢岳、本釈迦の3つのピークからなる

32

快適な稜線で結ばれた2つの峰をたどる

釈迦ヶ岳・御前岳

しゃかがたけ　1231m（普賢岳）
ごぜんだけ　1209m

日帰り

歩行時間＝2時間40分
歩行距離＝5.0km

技術度
体力度

コース定数	＝10
標高差	＝215m
累積標高差	460m / 460m

　釈迦ヶ岳、御前岳（別名＝権現岳《ごんげんだけ》）はともに津江《つえ》山地を代表する山で、福岡県との境に位置している。2峰を結ぶ稜線歩きは快適で、展望と自然林のほどよいアップダウンが楽しい山旅を約束してくれる。その名の通り、前者は山頂に釈迦像を祀り、後者は景行《けいこう》天皇行幸の伝承を戴く。別名の権現岳は、昔、田代《たしろ》権現を祀ってあったことによる。

　アクセスはこの上なく不便で、マイカー登山にならざるを得ない。本項では県境の矢部越《やべごし》から登るコースを紹介しよう。

　矢部越登山口にある「御前・釈迦自然歩道」の案内板にしたがって進み、尾根道に上がる。コナラ、イヌシデ、カエデなどが多い樹林帯を進むと、気象観測ドーム方面に道が分かれる。直進し、クサリを伝って登りきるとあっけなく**釈迦ヶ岳**（本《ほん》釈迦）山頂に到着する。

　それこそ猫の額ほどの広さしかない山頂には1等三角点と釈迦像（坐像60センチ）が台座の上に南向きに祀られており、右肩の背景には三角形の御前岳が望まれる。稜線に覆い被さるのはブナの林で、黄葉する秋は格別みごとである。

　北西斜面をクサリにつかまって鞍部に下りたら西に進み、途中で露岩からの展望を楽しもう。振り

■鉄道・バス

公共交通機関でのアクセスは不可。

■マイカー

大分道日田ICから国道212号を南下。日田市大山町中川原で県道9号に入り、前津江大野へ。支庁舎前を通ってスノーピーク奥日田（旧椿ヶ鼻ハイランドパーク）へ。ここからは奥日田グリーンラインを西へ向かい、途中で三差路を右にはずれると登山口の矢部越に着く。案内板のある右側に駐車スペースがある。県道9号は幅員が狭い上にカーブが多く、見通しも悪いので運転は慎重に。あるいは日田ICから国道212・210号、日田市石井から県道106号、奥日田グリーンライン経由でもよい。ただし落石やがけ崩れの危険があり、とくに豪雨や厳冬期は通行しないこと。

■登山適期

ブナ林が黄葉する10月下旬～11月上旬で、2峰とも南西斜面がみごと。これにケヤキやカエデ、ドウダンツツジの赤がメリハリをつける。新緑は5月上旬で、ツクシシャクナゲの開花も同時期。

■アドバイス

▽山中には水場がないので出発前に充分用意すること。

▽釈迦ヶ岳の気象観測ドームまでは車道が通じており、展望台がある。展望台から釈迦ヶ岳山頂までは遊歩

御前岳山頂からの石割岳（右上）や有明海の眺め

縦走路の露岩から西に御前岳（権現岳）を見る

返り見る釈迦ヶ岳が、げに誇らしげだ。

露岩の左側を通ってブナやカエデ、コナラなどの樹林帯を軽快に歩く。点々とツクシシャクナゲも目立ってくる。スズタケの道を進み、途中で田代からのコースが合わさり、まもなく**御前岳**山頂に到着する。畳10畳敷きほどの頂の東隅には「景行天皇御遺跡」の石碑が立っており、遠景には英彦山《ひこさん》や犬ヶ岳《いぬがたけ》、脊振山《せふりさん》、阿蘇山《あそさん》、空気が澄んでいれば有明海《ありあけかい》や雲仙岳《うんぜんだけ》なども望まれる。

下山は往路を忠実に引き返そう。

（藤田晴一）

道で200メートルほど。

▽奥日田グリーンラインの日田市前津江田代から登山口となる御前岳湧水、シオジ原生林を経て御前岳にいたるルートもある。御前岳湧水（1時間30分↓↑1時間5分）御前岳。

■問合せ先
日田市前津江振興局☎0973・53・2111

■2万5000分ノ1地形図
豊後大野・十籠

CHECK POINT

1 日田ICから約30キロを走ると、大分・福岡県境の矢部越に着く

2 コナラやイヌシデなどの樹林の尾根道を登っていく

3 1等三角点（手前）と山名通りの釈迦像が鎮座する釈迦ヶ岳（本釈迦）山頂

4 釈迦ヶ岳西側の鞍部付近にはクサリの架かる岩場がある

5 御前岳山頂からの釈迦ヶ岳の眺め。気象観測ドームが目印だ

6 景行天皇御遺跡の石碑が立つ御前岳山頂。山名板には標高が1211メートルとある

33

自然林と花のトンネルが魅力の津江三山の一峰

渡神岳

とがみだけ 1150m

日帰り

歩行時間＝2時間45分
歩行距離＝6・0km

技術度

体力度

コース定数	＝11
標高差	＝217m
累積標高差	↗ 470m ↘ 470m

西面からの渡神岳。端正な三角の姿が印象的（右奥は九重山群）

スノーピーク奥日田《おくひた》のほぼ東に位置する渡神岳は、前項で紹介した釈迦ヶ岳《しゃかがたけ》と御前岳《ごぜんだけ》とともに「津《つ》江《え》三山」とよばれる。端正な姿の三角峰は、昔は神体山として崇められ、山頂には今も雨乞いの神が祀られている。別名として「後水岳《あとみずだけ》」ともよばれている。山腹にはシオジの原生林があり、さらに山頂にかけてはブナの林にツクシシャクナゲの群落が彩りを添える。

雨乞いの神が祀られた渡神岳山頂

アプローチは公共交通機関の利用は難しく、もっぱらマイカー利用で登られている。スノーピーク奥日田までは96《ページ》「釈迦ヶ岳・御前岳」を参照のこと。

スノーピーク奥日田東側の広場に**渡神岳登山口**の案内標識があり、広場の奥から登山道に入る（時期によってはやぶでわかりづらい）。尾根の南西から南へ沿うように進むと左からヒラキ坊主からの道が合流し、まもなく**地蔵様峠**《じぞうさま》に着く。峠では西からの林道と出合う。

林道を横切って再び杉林を進むと、伐採の終わった尾根から渡神岳がぐんと近づいてきて、再び林道に下る。これを横切って長谷原《はせばる》尾根を進み、杉林を通り抜ける。ここでようやくミズナラやリョウブ、カエデなどの自然林となる。土石流で荒れた谷筋をまたぎ、山腹を進むと**シオジ林**があり、わずかだが流れで水が得られる。シオジは20《メートル》以上ある高木だ。

これまでの楽な道とはうって変わって、急斜面を登っていく。手すり代わりのクサリにつかまって、かつうるさいスズタケを払いのけながらの悪戦苦闘がしばらく続く。このいやな道が終わって楽になるあたりからブナの巨木が現れる。根元にあるツクシシャクナゲの群落は、5月にはそれこそ花のトンネルだ。

たどり着いた**渡神岳**の山頂には三角点と石祠がある。周囲の木々が成長しつつあるが、釈迦ヶ岳や椿ヶ鼻《つばきがはな》をはじめ、阿蘇山《あそさん》や九重《くじゅう》山群、由布岳《ゆふだけ》、英彦山《ひこさん》などが望まれる。

下山は往路を引き返そう。

（藤田晴一）

■鉄道・バス
公共交通機関でのアクセスは不可。

紅葉のシオジ原生林

CHECK POINT

スノーピーク奥日田の一角にある渡神岳の登山口

地蔵様峠の道端には小さな地蔵像が置かれている

コース中ではヒゴタイなどの山野草とも出会える

コース途中には目指す渡神岳の眺めのよい場所がある

5月の道脇を彩るツクシシャクナゲ

■マイカー
スノーピーク奥日田（旧椿ヶ鼻ハイランドパーク）までのアプローチは96ページ「釈迦ヶ岳・御前岳」を参照のこと。

■登山適期
ツクシシャクナゲの花咲く5月上旬がベストで、ブナやミズナラ、カエデ、シオジなどの新緑も同時期。紅葉はシオジ原生林から山頂にかけて広葉樹の黄紅葉がみごとで、10月下旬～11月上旬にかけて。

■アドバイス
▽水は山中のシオジ原生林の谷筋で得られるが、冬場は涸れることもある。
▽東側の石建峠からの直登ルートもある（所要50分）。
▽スノーピーク奥日田は釈迦ヶ岳の東中腹、標高940メートル付近にある、アウトドアメーカーのスノーピーク直営のキャンプ場。各種テントサイトやスノーピークのショップなどがある。ゴールデンウイークや夏期などは立ち寄り入浴ができる（入浴料500円・2023年11月現在休止中）

■問合せ先
日田市前津江振興局☎0973・53・2111、スノーピーク奥日田☎0973・53・2358

■2万5000分ノ1地形図
豊後大野

酒呑童子山

ファミリー登山が楽しめる鬼神伝説の山

しゅてんどうじやま
1181m

日帰り

歩行時間＝1時間50分
歩行距離＝3・5km

技術度
体力度

コース定数＝7	
標高差＝123m	
累積標高差	305m
	305m

↑奥日田グリーンラインからの酒呑童子山（中央左）

←山頂からの渡神岳（左奥の三角峰）方面の眺め

酒呑童子山は津江《つえ》山地を代表する山のひとつで、東西に大きな山体を横たえている。一帯は日田《ひた》杉の特産地で、この山も杉林がほとんどを占めるが、北側斜面には辛うじて自然林も残っている。マツやモミ、リョウブ、ミズナラ、ブナ、カエデなどに混じって、初夏はツクシシャクナゲの花が登山者の目を楽しませてくれる。

山名のルーツは謎だが、昔、悪さをする鬼がたくさん棲んでいたと伝えられており、大江山《おおえやま》（京都府）や伊吹山《いぶきやま》（滋賀・岐阜県境）と同様の鬼神伝説の津江版とでもいっておこう。

アクセスはこの上なく不便なために、マイカーに頼らざるを得ない。その目安となるのが鯛生《たいお》金山である。オレンジ色の大きな案内板は近隣市町村の道路脇でよく見かける。まずは博物館へ向かおう。

鯛生金山は、長い間、日本屈指の金山として栄えたが、1966（昭和41）年の閉山後は観光施設の鯛生金山地底博物館として蘇った。

■鉄道・バス
公共交通機関でのアクセスは不可。

■マイカー
大分道日田ICから国道212号、県道12号、国道442号で鯛生金山へ。県道9・133号を経て穴川峠の手前で左折し、奥日田グリーンラインで登山口へ。約30台分の駐車場がある。または日田ICから国道212・210号、日田市石井から県道106号を経て奥日田グリーンライン経由でもよい。ただし林道は落石などの危険があり、とくに豪雨や厳冬期は通行しないこと。

■登山適期
小鈴山北斜面に咲くツクシシャクナゲは5月上旬～中旬にかけてベストで、色鮮やかな深紅がみごと。新緑は5月中旬～下旬にかけて、紅葉は10月下旬～11月上旬にかけて見ごろとなる。

■アドバイス
▽山中には水場がないので出発前に充分用意すること。
▽現在、登山道はよく整備されていて危険箇所や道迷いの地点はないが、台風などによる自然災害で様相が一変することもある。
▽鯛生金山地底博物館は東洋一を誇った金山の当時の坑道800㍍を利用し、採掘風景を再現している。水曜休。9～17時（冬期短縮）、入坑料1100円。すぐ近くには（財）中

山頂のツクシシャクナゲ。花期は5月上旬～中旬

博物館をすぎて道が二分したら左折し、市ノ瀬《いちのせ》、柿ノ谷《かきのたに》を経て奥《おく》日田グリーンラインを進む。カシノキヅル越《ごし》に上がると**登山口**広場がある。マイカーは30台は停められる。

さまざまな案内板が立ち並ぶ広場の南隅から小鈴山《おすずやま》南斜面に取り付く。丸木段を登っていくと、ものの20分で**小鈴山**のピークに着く。周りには枯れかけたスズタケの茂みで山頂展望は得られないが、この先の東斜面はツクシシャクナゲの群生地で、花咲く5月上旬はみごとだ。

鞍部に下ると**小鈴越**で十字路の左の道は塞がっているが、右は奥日田グリーンラインに通じている。かつての古道で、道端には小さな石地像が祀られている。

斜面に取り付き、大岩の右を巻いて進む。1141㍍のピークをすぎると目指す酒呑童子山が目前に見えてくる。ミズナラやマツ、モミなどの茂る清々しい樹林帯をすぎて、クサリのついた急斜面を登りきると**酒呑童子山**の2等三角点に到着する。畳10畳ほどの広さの頂からは渡神岳《とがみだけ》や釈迦ヶ岳《しゃかがたけ》、八方ヶ岳《ほうがたけ》、阿蘇山《あそさん》や九重《くじゅう》山群など360度の展望が得られる。

景色を楽しんだら下山は往路を引き返そう。

（藤田晴一）

津江村地球財団が運営する鯛生家族旅行村があり、ケビンやオートキャンプ場を備え、宿泊も可能。問合せは鯛生金山へ。

■問合せ先
日田市中津江振興局☎0973・54・3111、鯛生金山地底博物館☎0973・56・5316

■2万5000分ノ1地形図
鯛生

CHECK POINT

1 カシノキヅル越にある登山口。日田ICから約63㌔

2 スズタケに囲まれた小鈴山の山頂。展望はひまひとつ

3 小鈴越。小さな石地蔵があり、地蔵峠ともよばれる

4 1141㍍ピークをすぎると酒呑童子山の山頂が見える

5 山頂直下のクサリのある急登。落石にも注意したい

6 2等三角点が埋設された酒呑童子山の山頂

35

ドーム型の頂をもつ古くからの目印の山

彦岳

ひこだけ
639m

日帰り

歩行時間＝2時間35分
歩行距離＝5・5km

技術度
体力度

コース定数	＝**11**
標高差	＝489m
累積標高差	↗ 560m ↘ 560m

日豊《にっぽう》海岸国定公園の一角をなす彦岳は、津久見《つくみ》市の南東に位置し、別名は飛孤峰《ひこみね》。ドーム型の頂が載った特徴ある山容は、遠くからもよく目立ち、昔から沖合いを航行する船舶からは格好の目印になっている。

山頂から望むリアス式海岸は絶景で、とくに正月は山頂にある神社の初詣でを兼ねたご来光登山にもってこいである。山頂を境にして東側が佐伯《さいき》市、西側が津久見市である。

本項では西側の彦岳トンネル手前から彦岳権現《ごんげん》社の参道をたどることにしよう。参道といっても石段などで整備されているわけではなく、歴とした登山道である。

JR日豊本線津久見駅からタクシーで彦岳トンネル手前の**広場**へ。マイカーはここに停める。

広場の東片隅にある鳥居前から山際に取り付き、イチイガシャマツなどが茂る林を登っていくと、まもなく**林道**に出合う。ここから左に50メートルほど進んだところに彦岳登山口の看板があり、右手の斜面に取り付く。

杉林を進むと道の途中に石灯籠があり、目安になる。なおも進み、途中で床木《ゆかぎ》方面への**分岐**を見送ると、ほどなく市街地や津久見湾を見下ろすビューポイントがあるので、ここでひと息つこう。

灌木林の尾根道を軽快に進んで、やがてアカガシやナナミノキなどの林を抜けると、千怒《ちぬ》方面からの道が合わさる。簡素な木製鳥居をくぐって斜面をひと登りで**彦岳**山頂に到着する。

西方の林道彦岳線からの彦岳。ドーム状の頂がよくわかる

山頂東側から眼下にリアス式海岸を望む

■**鉄道・バス**
往路・復路＝JR日豊本線津久見駅からタクシーで登山口の広場へ。駅から徒歩の場合、4キロ・約1時間。

■**マイカー**
東九州道津久見ICから県道36号佐伯津久見線で彦岳トンネルへ。広場に駐車スペースがある。

■**登山適期**
年中登山が楽しめる。とくに初日の出登山はおすすめ。山域のヤマザクラ、山頂のオキナグサは4月中旬が

CHECK POINT

1 駐車場のある広場から鳥居をくぐって登山道に入る

▼

2 林道に出て左に進むと、すぐに彦岳の登山口がある

▼

3 標高550メートル付近の展望地からの津久見市街の眺め

▼

4 アカガシやナナミノキなどの尾根道を軽快に進む

▼

5 簡素な木製の鳥居をくぐると山頂は近い

▼

6 山頂の彦岳権現社。佐伯湾を見下ろすように建つ

山頂には彦岳権現の小社があり、佐伯湾を見下ろすようにして南向きに建てられている。社は先年の台風被害ののちに再建されたもので、山名の由来ともなっている彦火火《ひこほほ》出見尊《でのみこと》が祀られている。

山頂から見わたすリアス式の日豊海岸は圧巻で、神《じん》武《む》東征伝説を残す大入《おおにゅう》島を眼下に、佐伯湾と市街地、鶴見《つるみ》半島、四浦《ようら》半島、四国沿岸部、そして西には尺間山《しゃくまさん》の岩峰などが一望のもと。

絶景を満喫したら往路を引き返そう。

（藤田晴一）

元越山から佐伯湾越しに望む彦岳

満開となる。新緑は4月下旬、紅葉は11月中～下旬が見ごろとなる。

■アドバイス

▽山中には水場がないので出発前に充分用意すること。

▽紹介コース以外に、南側の佐伯市狩生からのコースもある。

▽初日の出登山の場合、マイカーならば国道217号の佐伯市上浦から林道で登山口まで上がり徒歩30分。

▽冬場はイノシシが多いので注意すること。危険箇所、道迷いしやすい箇所などはないのでファミリーハイクに最適。

■問合せ先

津久見市商工観光課☎0972・82・4111、佐伯市弥生振興局☎0972・46・1111、JR津久見駅☎0972・82・3121、津久見タクシー☎0972・82・3141、光タクシー☎0972・82・4141

■2万5000分ノ1地形図

津久見・浅海井

元越山山頂。東面を望むと豊後水道の向こうに遠く四国が見える日もある

36

元越山

もとごえさん

582m

東西ふたつの登山口から登る絶景の山

日帰り

コース① 歩行時間＝2時間45分 歩行距離＝8・5km

コース② 歩行時間＝3時間10分 歩行距離＝6・5km

技術度 技術度

体力度 体力度

コース定数＝① 14 ② 14

標高差＝① 569m ② 580m

累積標高差 ① 640m 640m ② 599m 599m

元越山は大分県南部の豊後水道《ぶんごすいどう》に面し、日本屈指の展望峰といわれる。山頂からはリアス式海岸を一望でき、明治の文豪・国木田独《くにきだどっ》歩《ぽ》を虜にしたことでも知られる。

また、第二次世界大戦後、ここの調査にあたった地理調査所（現在の国土地理院）の技官が、日本の四大展望所のひとつにあげたと伝わっている。

コース①木立登山道

JR日豊《にっぽう》本線佐伯《さいき》駅から、バスで**原《はる》バス停**、あるいは栈敷《さじき》バス停で下車。マイカーは国道388号を南下、木立《きたち》の**登山口**へ。駐車場とトイレがある。

登山口から山頂までは3・2キロの道のりだ。小さな石祠のそばから取り付き、シダが茂った赤土の道を進む。尾根に上がるとまもな

■鉄道・バス

コース①往路・復路＝JR日豊本線佐伯駅から佐伯市コミュニティバスで原、または栈敷へ。

コース②往路・復路＝佐伯駅から佐伯市コミュニティバスで宮の下へ（米水津振興局乗り換え）。

■マイカー

コース①は東九州道佐伯堅田ICから県道37号、国道388号を経て、亀の甲橋をすぎたら左折、木立登山口（約10台・トイレあり）へ。

コース②は佐伯堅田ICから県道37号、国道388号を経て県道501号を東進、浦代を経て色利登山口（約25台・トイレあり）へ。

■登山適期

オールシーズン登山を楽しめる。ベストはフジツツジが咲く4月中旬で、新緑は4月下旬から5月上旬にかけて。空気が澄んで透明度さえよければシーズンを問わないが、最近は黄砂やPM2・5などの影響で、年間を通して「元越日和」はわずか。

■アドバイス

▽山中には水場がないので、充分に用意すること。

▽ここでは両コースの往復としたが、両コースをつなぐのもおすすめだ。マイカー利用の場合は木立の登山口に車を停め、原バス停からバスで宮の下バス停へ移動し、色利登山道～山頂～木立登山道というプランがよ

木立川から東に元越山を望む。端正な山容は国木田独歩を虜にした

下の地蔵へはシダの茂る道を行く。濡れた葉っぱに手を焼く（コース①）

登山道を彩るフジツツジ。花目当ての登山者も多い（コース②）

く**下の地蔵**《しも》で、ここがほぼ中間点。

桧林を抜けるとまもなく林道に上がり、右はすかいに進んで、削りとられた斜面を登っていく。登りきったところが中《なか》の地蔵だ。

さらに東へ進み、いったん鞍部に下ったあと、ウバメガシの茂ったスロープを進んで**元越山**三角点に到着する。

一望千里。東には風光明媚な米《よ》水津《のうづ》湾とリアス式の海岸線が美しい日豊海岸が、西には雄大な山の連なりが見わたせる。

全方位の絶景を満喫して、往路を戻ろう。

コース②色利登山道

稜線が南北に横たわる元越山の東側に位置する色利《いろり》登山口を起終点とするコース。南国特有の明るさや春のフジツツジ、コース中の各所にある展望台からの眺めのよさなどもあり、近年人気を集めている。

JR佐伯駅からのバス（途中乗り換えあり）を**宮《みや》の下《した》バス停**で下車、元越山への道標にしたがって進み、15分ほどで**登山口**に着く。

また、色利浦集落を通り抜けた先に登山者用駐車場があり、そこから**登山口**へは2～3分だ。

山裾から取り付き、ちょっとした急坂道を進む。モチノキやシイ、ヤブツバキなどが茂る林を進んで

いだろう。

▽山頂から南の尾根を伝って「天空ロード」で空の公園に下ることもできる（4時間）。

▽色利登山口の駐車場に「元越山荘」があり、宿泊できる（2～3人、食料持参。500円）。

▽国木田独歩の佐伯滞在は、1893（明治26）年9月末、22歳の時で、鶴谷学館の英語教師として赴任したわずか10カ月であった。当時、独歩が下宿していた旧坂本家住宅が「城下町佐伯国木田独歩館」として一般公開されている。9～17時。月曜休（祝日の場合翌日）、入館料200円。

■問合せ先

佐伯市観光課☎0972・22・3111、佐伯市観光協会米水津支部☎0972・35・6111、JR佐伯駅☎0972・22・0142、佐伯市コミュニティバス☎0972・22・3005、城下町佐伯国木田独歩館☎0972・22・2866

■2万5000分ノ1地形図

佐伯・畑野浦

↑元越山からの初日の出。近年は透明度に恵まれない

→山頂の展望図には独歩の『欺かざるの記』の一文が刻まれている

第1展望台に上がる。眼下には宮《みや》野浦《のうら》の漁港が見え、入船・出船の姿がひっきりなしだ。

この先に4箇所の展望台があって、そこからは青い海と白波が打ち寄せる小島、黄緑色の山々が、高度が上がるにつれてひと味もふた味も違った景色が展開する。この景色に彩りを添える花がフジツツジで、満開の4月はそれこそみごと。

かつてはこの道は海岸と山間部を結んだ人々の生活道路で、里程の石地蔵などに往時が偲ばれる。

高度が上がってくるとますます期待がふくらみ、ましてやこの先の**元越山**山頂からの大展望は、感嘆措《お》く能《あた》わざるで、国木田独歩ならずとも胸に迫るものがあること請け合いだ。

下山は往路を引き返すが、マイカーでなければ、コース①の木立登山道を下ってもいいだろう。

（藤田晴一）

CHECK POINT

コース①

1 木立にある木立登山道の登山口。トイレや登山届箱、案内板などがある

▼

2 下の地蔵（入角地蔵）。道中の安全を願い、手を合わせていこう

▼

3 コースの中間点にあるベンチ。左上にはあずまやが建っている

▼

4 中の地蔵。里程標を兼ねた人々の生活の跡だ

▼

5 1等三角点や古い観測点、展望図などが並んでにぎやかな元越山山頂

コース②

6 色利浦の駐車場。トイレや登山届箱、元越山荘（宿泊可）などがある

▼

7 色利登山口は山裾から取り付く。落ち葉の時期は道がすべりやすいので注意

▼

8 第2展望台からは日豊海岸が望める。のどかな景色を堪能しよう

▼

9 コース上部の「木漏れ日の小径」。粋なネーミングは地元の有志の熱意の表れ

▼

10 林道を横切ると、かつての狼煙台の跡と思われる2基の石組みが残されている

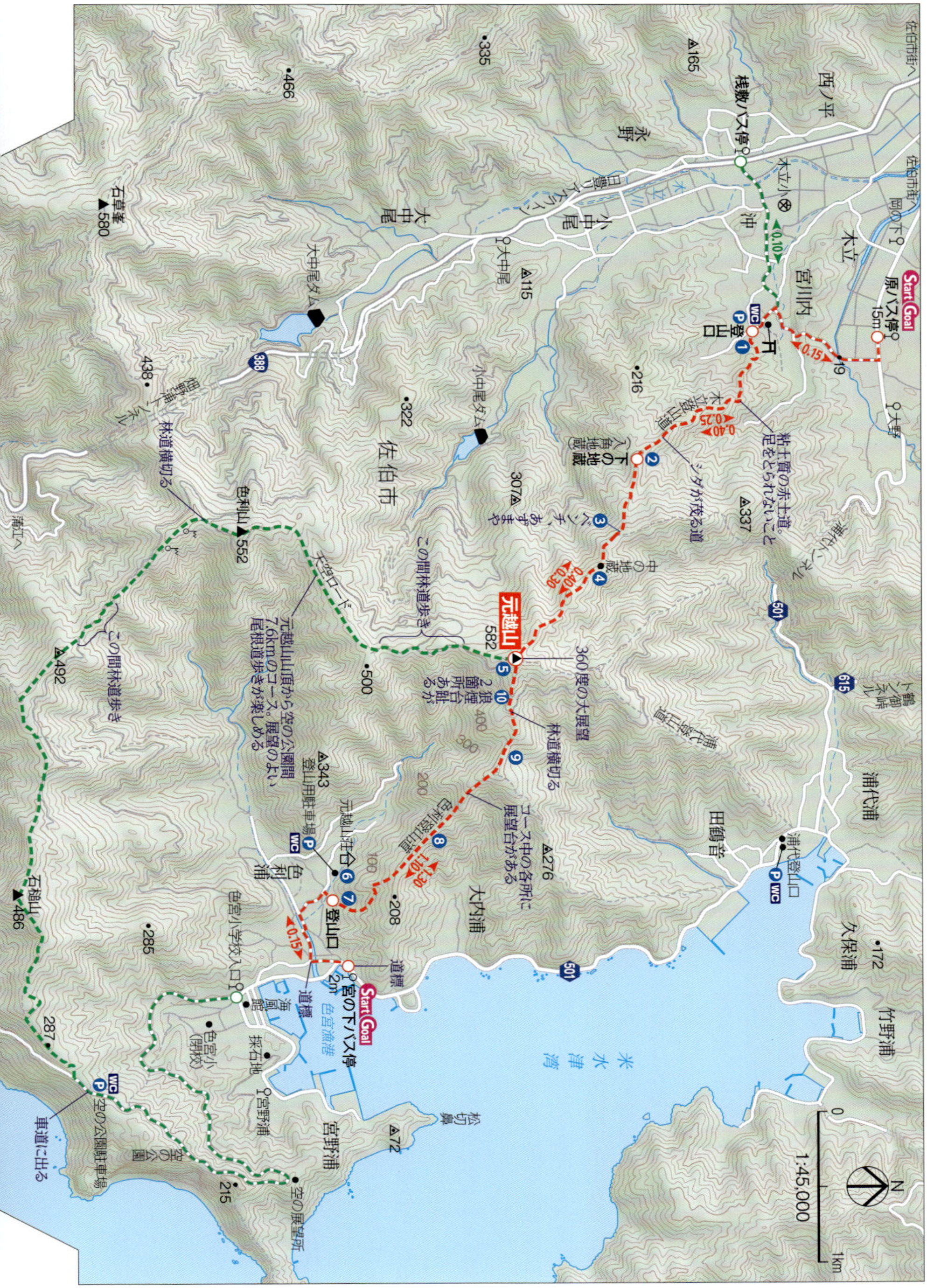

元越山
582
360度の大展望
林道横切る
コース中の各所に展望台がある
2箇所の展望台跡がある
色宮の下バス停
登山口
原バス停
15m
下の地蔵
中の地蔵
ベンチ、あずまや
シダが茂る道
粘土質の赤土道。足をとられないこと
木立登山道
元越山荘
登山用駐車場
色利山
石越山
佐伯市
米水津湾
宮野浦
浦代浦
久保浦
竹野浦
大内浦
田鶴音
宮川内
木立
色宮小学校入口
空の公園駐車場
空の展望所
車道に出る
この間林道歩き
元越山山頂から空の公園間7.6kmのコース。展望のよい尾根道歩きが楽しめる
佐伯市街へ
蒲江へ
1:45,000

37

祖母山① 神原コース

日本百名山の1座に数えられる由緒ある山

そぼさん こうばるこーす
1756m

日帰り

歩行時間=5時間20分
歩行距離=7・3km

技術度 ★★★☆☆ 体力度 ★★☆☆☆

コース定数	=23
標高差	=1080m
累積標高差	↗1106m ↘1106m

障子岳山頂付近の露岩から見た祖母山

日本百名山の1座に数えられる祖母山は、久住山《くじゅうさん》とともに大分県を代表する山だ。古くから豊後《ぶんご》・日向《ひゅうが》・肥後《ひご》の三国にまたがる鎮西《ちんぜい》の名山と称され、かつては九州第一の高峰として名を馳せていた。

『日本百名山』の著者・深田《ふかだ》久弥《きゅうや》は祖母山のことを「一瞥《いちべつ》直《ただ》ちに人を惹きつけるという際立った山容ではない」としながら、「不易の命をもつ山だ」と述べた。たしかに黒々とした森林を身にまとった祖母山のつつましい姿は、火を噴く阿蘇《あそ》や高原の美をもつ九重《くじゅう》に比べ、観光目的の人々に迎合されるものではなかろう。しかし、濃密な原生林と男性的な岩峰、その稜線から派生する多数の渓谷が織りなした秘境ともいうべきフィールドは時代を超えて登山者を魅了し続けている。

また、祖母山を主峰とする祖母・傾《かたむき》・大崩《おおくえ》山系は2017（平成29）年6月にユネスコエコパーク（生物圏保存地域）に指定され、近年、再び脚光を浴びはじめた。

そうした意味からも「不易の命をもつ山」と評した深田久弥は、まさに慧眼といえよう。

本項では、深田翁が記した竹田《たけた》市神原《こうばる》から本登山道をたどって山頂に立つコースを紹介する。

神原の登山口へのアクセスはタクシーかマイカーが主体だが、2023年にJR豊肥本線豊後竹田駅から予約制の乗合バスが運行されている（詳細は110ページ「鉄道・バス」を参照のこと）。マイカーの場合は竹田市神原から大規模林道宇目小国《うめおぐに》線を南西に進み、祖母豊姫《とよひめ》橋の手前から左にのびる祖母登山道に入る。林道の途中には、一合目の滝（暁嵐《ぎょううらん》の滝）経由で**神原登山口**へいたる道の取り付きと数年前に新設された第二駐車場がある。林道をさらに上がると、神原登山口の一合目駐車場だ。駐車

祖母山山頂（2008年の山開きから）

登山口の手前にある一合目の滝（暁嵐の滝）。時間があれば立ち寄ってみよう

山麓の神原にある健男霜凝日子神社下宮。社殿は洞窟内に建てられている

場には清掃の行き届いたトイレや足洗い場が併設されている。

　駐車場から林道を南に向かうと、すぐに最近再整備された渓谷トレッキングコースへの分岐がある。それを見送って右の小橋を渡ると、ほどなく道の左手に本登山道の入口を示す道標が見えてくる。ここから取り付き、杉林の中を抜けて神原渓谷の左岸を歩く。渓谷美を楽しみながら、ゆっくりと高度をあげていくと、やがて御《お》社《やしろ》の滝が見えてくる。道の傾斜が緩くなると**五合目小屋**だ。20人ほど収容できる小屋には新しくトイレが整備され、裏手を流れる清流からは水を得ることができる。

　さて、コースはここから先が本番である。五合目小屋の前からは歩きやすい丸木段がのびているが、それも長くは続かず、やがてブナやミズナラ、ヒメシャラといった巨大林の中の急登となる。ところどころ足場の悪い箇所もあるので歩行には十分注意したい。途中、7合目付近に「いのち水」という水場があるが、あまりあてにしない方がよい。水場をすぎるとすぐ

食事や地産品が購入できる神の里交流センター緒環

祖山館（深田久弥宿泊地）跡に残る石碑

＊コース図は112・113ページを参照。

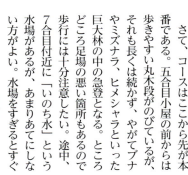

祖母山山頂から障子岳(右)～古祖母山の山稜を望む

に稜線上の**国観峠**《くにみ》に出る。

国観峠は黒い表土が露出した広場で、峠というよりも、「祖母山の肩」とよんだ方がしっくりくる場所だ。広場からは目指す祖母山の山頂が望め、宮崎県側の高千穂町《たかちほ》五ヶ所《ごかしょ》を起点とする千間平《せんげんだいら》コースとの合流点にもなっている。

国観峠を出ると、道はますます険しくなる。深くえぐれた登山道は雨の日などはすべりやすく、難儀をするだろう。9合目の道標をすぎると、道の左手に祖母山九合目小屋への分岐がある。分岐から小屋まではおよそ200㍍《メートル》。小屋そばには水場もあるので、補給の要があるなら立ち寄ろう。

分岐を見送ってさらに登ると、山頂直下で五ヶ所からの風穴《ふうけつ》コースと合流し、**祖母山**の山頂へいたる。

山頂には三角点と並んで健男《たけお》霜凝日子《しもこりひこ》社と祖母嶽《だけ》神社の2つの上宮石祠がある。さえぎるもののない360度の展望は圧巻で、とくに祖母・傾縦走路の先、東方にそびえる傾山の遠望は登山者の心を熱くしよう。

復路は往路を忠実に戻ってもよいが、**五合目小屋**の裏手から木橋を渡って渓谷トレッキングコースを歩いてみよう。本登山道よりもさらに渓谷沿いに付けられたルートは、二合目の滝(寝覚《ねざめ》の滝)などの渓谷美を間近で楽しむことができる。

(山岡研一)

■鉄道・バス

往路・復路＝JR豊肥本線豊後竹田駅からタクシーで神原登山口(約50分)へ。豊後竹田駅から祖母山登山口(祖母豊姫橋)へ竹田市観光ツーリズム協会運行の乗合タクシー「カモシカ号」も利用できるが、下車地から神原登山口へは林道を20分ほど歩くことになる。カモシカ号は祝日を含む月～土曜の運行で1日2便。利用時は前日の15時までに要予約。

■マイカー

大分道大分米良ICより国道10・57号を進み、竹田市玉来交差点で県道639号へ。その後、竹田市立祖峰小学校横を右折し県道8号へ(そのまま県道639号を神原方面まで行くこともできるが、大型車は通行困難)。次に嫗岳郵便局前で再び県道6

CHECK POINT

1 一合目駐車場。併設のトイレ右側の道は一合目の滝に通じている

2 渓谷トレッキングコースの入口を見送り、本登山道の取り付きへ

3 遊歩道沿いの御社の滝。修験者が入山前にここで身を清めたという

4 20人収容の五合目小屋。小屋の表にトイレがある

5 五合目小屋をすぎ、丸木段の道を歩く。道は傾斜を増していく

6 登山道脇の「いのち水」。枯れていることが多くあてにできない

7 国観峠北側のビューポイント。北西方向の展望に優れている

8 国観峠。開放感のある広場は学校の遠足などの昼食場所に使われる

9 8合目の道標。宮崎県の北谷登山口から1合目ごとに立っている

10 九合目小屋の分岐点。補給の要がなければ見送って山頂を目指そう

11 山頂直下にある宮崎県高千穂町の風穴ルートからの合流点

12 祖母山山頂。祖母傾、阿蘇や九重など360度の大展望が楽しめる

39号に入り、祖母豊姫橋の手前で左折し祖母登山道へ。一合目駐車場は1・3㌔ほど登ったところにあり、駐車可能台数は約20台。その手前には第二駐車場（約10台）がある。

■登山適期

新緑は5月、とくに上旬はツクシアケボノツツジの花期と重なるのでおすすめ。紅葉は10月中旬から下旬。

■アドバイス

▽宿泊は五合目小屋（20人、無人）、祖母山九合目小屋（35人、無人）、山麓には民宿清流、森の宿泊リストランテ サリモスがある。

▽毎年5月の連休に行われる山開き行事は人出が多く、駐車場所の確保が難しいので注意すること。

■問合せ先

竹田市商工観光課☎0974・63・1111、JR豊後竹田駅☎0974・62・2318、竹田合同タクシー☎0974・63・4141、中央タクシー☎0974・63・3939、国際観光交通（タクシー）☎0974・63・3131、竹田市観光ツーリズム協会（カモシカ号）☎0974・63・2638、民宿清流☎0974・67・2612、森の宿泊リストランテ サリモス☎0974・67・2225

■2万5000分ノ1地形図

豊後柏原・祖母山

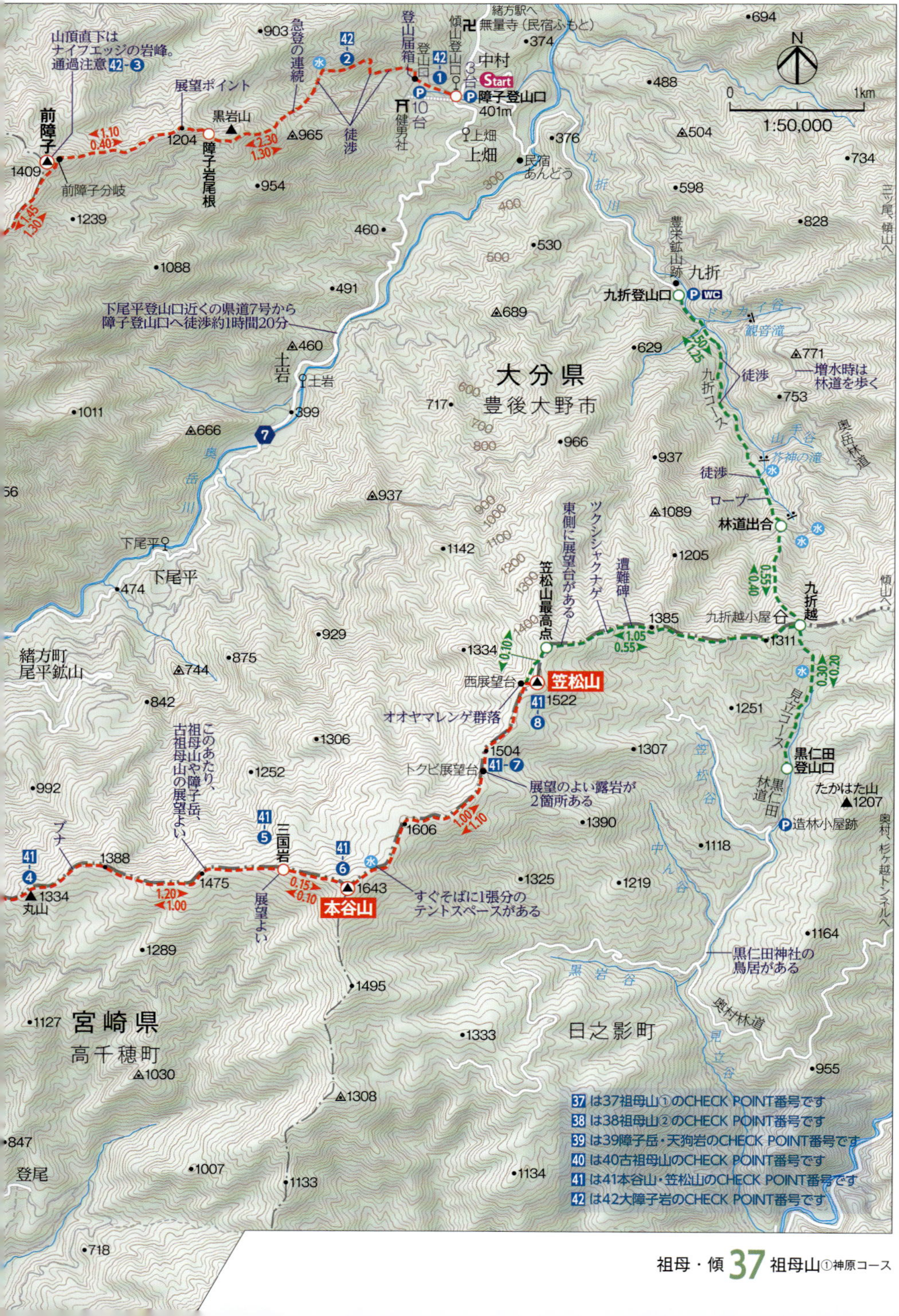

山頂直下は
ナイフエッジの岩峰。
通過注意42-3
903
急登の連続
42 2
水
登山届箱
登山口
傾山登山口
42 1
緒方駅へ
無量寺（民宿ふもと）
374
中村
3台
Start
障子登山口
401m
694
488
N
0
1km
1:50,000
展望ポイント
前障子
1409
前障子分岐
1.10
0.40
1204
障子岩尾根
黒岩山
2.30
1.30
965
徒渉
10台
健男社
上畑
上畑
376
民宿
あんどう
504
734
954
1.45
1.30
1239
300
400
460
500
530
九折川
598
三ッ尾、傾山へ
828
豊栄鉱山跡
九折
九折登山口
WC
1088
491
689
下尾平登山口近くの県道7号から
障子登山口へ徒渉約1時間20分
460
土岩
土岩
ドウカイ谷
観音滝
1.50
1.25
629
771
九折コース
徒渉
増水時は
林道を歩く
大分県
豊後大野市
717
600
700
800
753
1011
399
666
7
奥岳川
966
奥岳林道
千手谷
芥神の滝
937
56
937
徒渉
ロープ
1089
900
1000
1100
林道出合
水
水
下尾平
1142
1200
1300
1400
1205
474
下尾平
笠松山最高点
東側に展望台がある
ツクシシャクナゲ
遭難碑
0.55
0.40
九折越
傾山へ
929
1385
九折越小屋
0.10
1334
1.05
0.55
1311
緒方町
尾平鉱山
875
744
西展望台
笠松山
41 1522
8
0.20
0.30
見立コース
水
842
オオヤマレンゲ群落
1251
1306
このあたり、
祖母山や障子岳、
古祖母山の展望よい
1504
1307
トクビ展望台
41-7
笠松谷
黒仁田登山口
1252
展望のよい露岩が
2箇所ある
黒仁田林道
たかはた山
1207
992
1.00
1.10
1390
造林小屋跡
41 5
三国岩
41 6
1606
奥村、杉ケ越トンネルへ
ブナ
41 4
1388
水
1118
1475
1325
1219
1334
丸山
1.20
1.00
0.15
0.10
1643
本谷山
すぐそばに1張分の
テントスペースがある
展望よい
中ノ谷
1289
1164
黒仁田神社の
鳥居がある
黒岩谷
1495
奥村林道
1127
宮崎県
高千穂町
1333
日之影町
見立谷
1030
955
1308
37 は37祖母山①のCHECK POINT番号です
38 は38祖母山②のCHECK POINT番号です
39 は39障子岳・天狗岩のCHECK POINT番号です
40 は40古祖母山のCHECK POINT番号です
41 は41本谷山・笠松山のCHECK POINT番号です
42 は42大障子岩のCHECK POINT番号です
847
1007
1133
1134
登尾
718

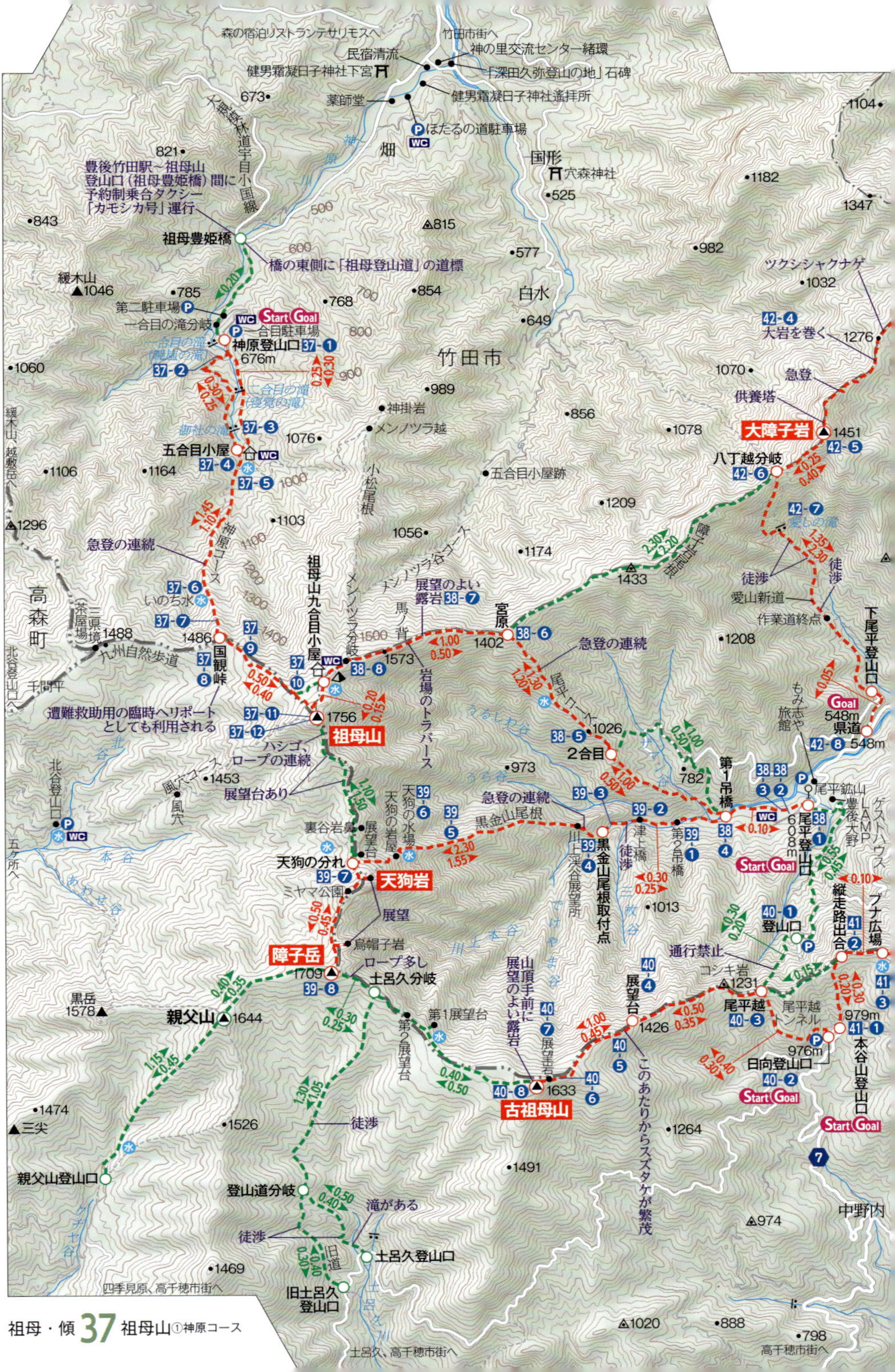
森の宿泊リストランテサリモスへ
竹田市街へ
民宿清流
神の里交流センター緒環
健男霜凝日子神社下宮
「深田久弥登山の地」石碑
薬師堂
健男霜凝日子神社遙拝所
ほたるの道駐車場
畑
国形
穴森神社
大野原林道宇目小国線
豊後竹田駅～祖母山登山口（祖母豊姫橋）間に予約制乗合タクシー「カモシカ号」運行
祖母豊姫橋
橋の東側に「祖母登山道」の道標
緩木山
白水
竹田市
第二駐車場
一合目の滝分岐
合目駐車場
Start Goal
神原登山口
676m
一合目の滝（飛瀧の滝）
二合目の滝（鏡覚の滝）
御社の滝
神掛岩
メンノツラ越
五合目小屋
五合目小屋跡
小松尾根
急登の連続
いのち水
神原コース
高森町
茶屋場県境
九州自然歩道
国観峠
千間平
遭難救助用の臨時ヘリポートとしても利用される
祖母山九合目小屋
メンノツラ谷コース
展望のよい露岩
馬ノ背
岩場のトラバース
宮原
尾平コース
急登の連続
1756
祖母山
ハシゴ、ロープの連続
展望台あり
風穴コース
風穴
北谷登山口
本谷
あおぜ谷
天狗の岩屋
天狗の水場
裏谷岩屋
展望台
黒金山尾根
急登の連続
天狗の分れ
天狗岩
ミヤマ公園
展望
烏帽子岩
障子岳
1709
ロープ多し
土呂久分岐
黒岳
親父山
第1展望台
第2展望台
山頂手前に展望のよい露岩
展望台
古祖母山
1633
このあたりからススタケが繁茂
2合目
黒金山尾根取付点
第1吊橋
第2吊橋
津上橋
徒渉
尾平鉱山
豊後大野LAMPゲストハウス
尾平登山口
608m
登山口
通行禁止
コンキ岩
尾平越
尾平越トンネル
縦走路出合
ブナ広場
日向登山口
976m
979m
本谷山登山口
大障子岩
1451
八丁越分岐
供養塔
急登
大岩を巻く
ツクシシャクナゲ
愛しの滝
愛山新道
作業道終点
徒渉
下尾平登山口
もみじ旅館
県道
548m
Goal
三尖
親父山登山口
徒渉
登山道分岐
滝がある
土呂久登山口
旧道
旧土呂久登山口
四季見原、高千穂市街へ
土呂久、高千穂市街へ
中野内
高千穂市街へ
五ヶ所へ
北谷登山口へ

38

絶景の岩稜歩きを経て、３６０度の大展望が待つ山群の最高点へ

祖母山②　尾平コース

そぼさん　１７５６ｍ　おびらこーす

日帰り

歩行時間＝7時間25分
歩行距離＝9・6㎞

技術度

体力度

コース定数＝29

標高差＝1163m

累積標高差　↗1235m　↘1235m

健男霜凝日子命と嫗岳大明神が祀られている祖母山山頂

祖母山九合目小屋。小屋から少し下ると水場がある

祖母 傾《かたむき》 国定公園の盟主として県南西部に颯爽とそびえ立つ祖母山は、大分・宮崎の県境稜線上にあり、山体の一部は熊本県にもまたがる。古くは姥ヶ岳《うばがたけ》とよばれ、山名起源は神武《じんむ》天皇の祖母にあたる豊玉姫命《とよたまひめのみこと》を祀神とすることにちなむという説が一般的だ。また、山頂には祖母山そのものを神格化したとされる健男《たけお》霜凝日子命《しもこりひこのみこと》や、「神婚説話」で有名な嫗岳《うばだけ》大明神が祀られている。

豊かな自然が残っていることでも知られ、峨々たる岩峰と深奥な渓谷を内包する原生的な自然林の中には、特別天然記念物のニホンカモシカやヤマネ、イワメなどの希少動物が生息しているほか、九州では絶滅したとされているツキノワグマの生存の可能性も残されている。植物では西南日本における典型的な森林の垂直分布が形成され、移行帯とよばれるべき部分はあるものの、おおむね標高800㍍付近までの山麓部にはシイ、カシ、ツバキなどの常緑広葉樹、標高700～1200㍍付近の山腹部にはツガ、モミなどの常緑針葉樹が発達しており、標高1100㍍を越えるとブナ、ミズナラ、リョウブといった落葉広葉樹がそれに代わる。山頂一帯や尾根の岩稜にはアカマツやツクシアケボノツツジ、ヒメコマツなどが見られ、谷筋にはシオジやケヤキなど土地的極相をなす森林が観察される。また、キレンゲショウマやケイビラン、ヤハズアジサイなど、かつて九州と四国、紀伊《きい》半島が地続きであったことを示す襲速紀《そはやき》要素の植物が多く分布しているのも特徴

■鉄道・バス

往路・復路＝JR豊肥本線緒方駅から豊後大野市コミュニティバス（平日運行・便数少ない）かあいのりタクシー祖母・傾線（土日祝運行・要予約）で尾平鉱山へ。タクシーは緒方駅から登山口へ約1時間10分。

■マイカー

大分道大分米良ICから国道10・57号を進み、朝地町大恩寺から県道46号経由で緒方町へ。国道502号を進み原尻の滝入口交差点で左折、県道7号で緒方町尾平鉱山へ。登山口にはもみ志や旅館の有料駐車場（50

障子岩尾根上の露岩から尾平越〜本谷山方面を望む

祖母山九合目小屋手前のテント場（約5張）

的だ。さらにはウバタケニンジンやウバタケギボウシなどの固有種も発見されている。

本項では東麓の尾平鉱山跡にある尾平登山口を起点に、宮原《みやばる》を経て山頂にいたるコースを紹介しよう。

平日運行の豊後大野市コミュニティバスか土日祝運行のあいのりタクシーで**尾平登山口**へ。バスは時間的に日帰りでの利用が難しく、タクシー利用が現実的。マイカーは登山口手前にある有料駐車（500円・約20台）がある。

■登山適期

110㌻を参照。

■アドバイス

▽ハードコースで知られる黒金山尾根コース（118㌻「障子岳・天狗岩」を参照）を利用して周回コースを設定するのもおもしろい。ただし、川上本谷出合そばの徒渉点は水量によっては渡れないことがあるので、黒金山尾根コースを登りに使うようにすること。天狗の分れから祖母山頂へは分岐を北（右）に向かうが、その後も厳しい登りが続き、とくに山頂直下はロープやハシゴが連続する急坂となっている（尾平登山口から祖母山頂まで所要約5時間）。

▽宿泊は祖母山九合目小屋（前項参照）、山麓にはもみ志や旅館、ゲストハウスLAMP豊後大野がある。

■問合せ先

豊後大野市緒方支所☎0974・42・2111（コミュニティバスも）、あいのりタクシー祖母・傾線☎080・2375・8681、日坂タクシー☎0974・42・2145、中央タクシー☎0974・42・3115、もみ志や旅館（2023年11月現在休業中）☎0974・47・2038、ゲストハウスLAMP豊後大野☎0974・47・2080

■2万5000分ノ1地形図

祖母山・見立

＊コース図は112・113㌻を参照。

鋸刃を連ねたような祖母山〜障子岳間の稜線

場（約20台）を利用する。

　登山届を提出して出発すると、まもなく行く手に祖母山と障子岳《しょうじだけ》を結ぶ、危峰怪岩の簇立した稜線が見えてくる。道の左手にはトイレと足洗い場が併設された休憩小屋があり、その向こうにはおびただしい量の鉱滓でできた茶褐色の斜面が広がっている。道の右側は奥岳《おくだけ》川だ。コースは**第1吊橋**のたもと（尾平コース分岐）で二手に分かれ、目指す宮原へは吊橋を渡っていく。ちなみに吊橋の下をくぐって直進すると黒金山《くろがねやま》尾根コースで、こちらについては次項（118ページ「障子岳・天狗岩」）をご参照いただきたい。

　対岸に渡ると、さらに道は分岐し、尾根コースと林道コースに分かれる。どちらを進んでも**2合目**で合流するが、ルートは尾根コースの方がわかりやすい。

　2合目をすぎると、宮原までひたすら林の中の急登が続く。あせらずじっくりと構えていこう。**宮原**は大《おお》障子岩より続いている尾根道との合流点にあたる。宮原から先でわずかに傾斜は緩むが、それでも山頂までえんえんと登り坂が続く。また、馬ノ背など一部歩行に気をつかう箇所もある。しかし、随所にある露岩からの絶景を楽しみながらの尾根歩きは、登山の醍醐味を存分に味わうことができる。

　やがてメンノツラ谷からのコースと合わさり、**祖母山九合目小屋**に出る。小屋の手前にはテント場（約5張）があり、そばに水場もある。山頂へは小屋からさらに南に進む。前項で紹介した神原《こうばる》からの登山道と合流したあと、宮崎県側の高千穂《たかちほ》町五ヶ所《ごかしょ》からの風穴《ふうけつ》コースと山頂の手前で出合い、**祖母山**山頂にいたる。

　山頂からの展望は抜群で、北東には往路で通った障子岩尾根の先に大障子岩と前《まえ》障子の雄姿が連なり、南側にそびえる障子岳から左手に目を移せば古《ふる》祖母山からいったん尾平越《ごし》に落ち、再び傾山まで立ち上がっていく一連の大縦走路が見える。遠方には九重《くじゅう》や阿蘇《あそ》、由布《ゆふ》・鶴見《つるみ》の山々も浮かんでいる。

　復路は往路を戻る。（山岡研一）

↑やせた岩稜の馬ノ背を慎重に通過する

→奥岳川右岸沿いの道をたどって第1吊橋へ。奥岳川は大野川に合流して別府湾に注ぎこむ

CHECK POINT

1 尾平登山口の手前に新設された有料駐車場（1日500円）とあいのりタクシー祖母・傾線乗り場

2 登山口から少し入った場所にある休憩舎。トイレや足洗い場が併設されている

3 休憩舎から前方に目を移すと、祖母～障子岳の稜線が横たわっているのが見える。登高欲をそそられる眺めだ

4 奥岳川の渓谷に架けられた第1吊橋を渡る。橋を渡ると、すぐにまた道が分岐している

5 標高1000㍍地点にある三合目の道標。ここから先は宮原まで単調できつい登りが続く

6 宮原は障子岩尾根との合流点で、北東（右）に行くと池の原を越えて大障子岩に通じる

7 道の脇にある露岩から祖母山頂を望む。総じて快適な尾根道だが、馬ノ背など注意すべき箇所もある

8 馬ノ背のやせ尾根を通過すると、まもなく右手からメンノツラ谷コースが合流してくる

39

障子岳・天狗岩

危峰怪岩が簇立する祖母・傾縦走路の核心部

しょうじだけ 1709m
てんぐいわ 1640m

日帰り

歩行時間＝7時間15分
歩行距離＝9・3km

技術度 体力度

コース定数＝**29**

標高差＝1116m

累積標高差 ↗1274m ↘1274m

障子岳〜古祖母山間の第2展望台から見た障子岳全景（右奥は祖母山）

祖母《そぼ》・傾《かたむき》山群の名だたる峰々の頂をつなぐ大分と宮崎の県境稜線は、祖母山頂から南に下り、障子岳で東に90度向きを変えて傾山へのびていく。その県境稜線上を歩く祖母・傾縦走の核心部とよべるのが、この障子岳であろう。山群盟主の祖母山につぐ標高を誇り、天を衝くシルエットが印象的な天狗《てんぐ》岩や烏帽《えぼ》子《し》岩など岩峰をしたがえたその姿は、岳人の登高欲を刺激してやまない。

次項（120ページ）で紹介する古《ふる》祖母山や隣県の親父山《おやじやま》とセットで登られることもあるが、ここでは障子岳に直接アプローチできる、黒金山《くろがねやま》尾根コースを紹介する。

まずは前項（114ページ）の「祖母山②尾平コース」と同じ**尾平《おびら》登山口**を出発し、奥岳《おくだけ》川の右岸を進んで**第1吊橋**まで歩く。前項ではこの吊橋を渡って宮原《みやばる》を目指したが、黒金山尾根に向かうには橋の下をくぐってそのまま上流に進む。

右手にサマン谷出合を見送り、次に現れる第2吊橋を渡って対岸へ。さらにウルシワ谷出合に架かる津上《つがみ》橋にて再び右岸に戻る。戻ってすぐに三枚《さんまい》谷を徒渉するが、やっかいなのが次の川上本谷《かわかみほん》の徒渉点だ。以前架かっていた木橋が現在は流失しており、増水時に対岸へ渡るのは困難を極める。

川上本谷の徒渉を終えると、すぐに分岐が現れる。分岐の右側が

■**鉄道・バス**
114ページ「祖母山②」を参照。

■**マイカー**
114ページ「祖母山②」を参照。

■**登山適期**
新緑やツクシアケボノツツジが美しい5月上旬がベスト。ミヤマ公園のミヤマキリシマは6月上旬、川上渓谷で見られるキレンゲショウマは8月上旬〜中旬に花を咲かせる。紅葉は10月中旬が見ごろ。厳冬期は霧氷が美しい山としても知られる。

■**アドバイス**
▽障子岳より古祖母山への往復は所要約2時間25分。古祖母山までの行程は120ページを参照のこと。
▽宮崎県高千穂町四季見原から親父山経由で登るルートは比較的安全で距離も短いため、ファミリー登山におすすめだ（親父山登山口〜親父山〜障子岳往復約3時間20分）。
▽ほかに宮崎県高千穂町土呂久地区から登るルートもある（土呂久登山口〜障子岳往復約5時間）。
▽増水時、川上本谷の徒渉は撤退も視野に入れて慎重に判断すること。
▽天狗岩への登頂は危険を伴う。悪天時などは絶対に避けること。
▽麓での宿泊は114ページ「祖母山②」のアドバイス欄を参照のこと。

■**問合せ先**
豊後大野市緒方支所☎0974・42・2111（コミュニティバスも）、

←裏谷岩鼻より見る天狗岩

↑烏帽子岩。天狗岩ほどのインパクトはないが展望は十分

黒金山尾根への取付点だ。ちなみに左側の道は川上渓谷に沿ってのびているが、そのまま遡行を続けるなら沢登りの装備が必要となる。

黒金山尾根取付点からは、九州屈指のハードコースの名に恥じぬ手強い急登となる。両手両足をフルにつかって難所を登りきると川上渓谷展望所だ。展望所をすぎ、昼なお暗いツガの樹林帯の中をさらに登っていくと、標高1200㍍を超えたあたりからスズタケが現れる。近年は山系のスズタケの枯死が進んでいるが、このあたりはまだ密度が高く歩きにくい。あたりを見回せば、いつしか周囲の木々もブナに変化している。

水場のそばにある天狗の岩屋をすぎると、やがて県境稜線上を走る祖母・傾縦走路との合流点に出る。ここが**天狗の分れ《わか》**で、障子岳へは南（左）に進む。途中、天狗岩に通じる分岐があるので、立ち寄って絶景を堪能しよう。

縦走路に戻り、左に烏帽子岩を見てさらに南に下ると、やがて**障子岳**山頂に達する。山頂には熊《くま》ノ墓《はか》と彫られた小祠があり、かつて山域にクマが生息していたことが偲ばれる。山頂からの眺めは、ここまでの苦労に報いてくれよう。

復路は往路を戻る。

（山岡研一）

あいのりタクシー祖母・傾線☎080・2375・8681、日坂タクシー☎0974・42・2145、中央タクシー☎0974・42・3115

■2万5000分ノ1地形図
豊後柏原・祖母山

CHECK POINT

1 第2吊橋を渡って奥岳川の左岸へ。100㍍ほど歩くと休憩スポットがある

2 ウルシワ谷出合に架かる津上橋を渡り、右岸（上流に向けて左側の岸）へ戻る

3 川上本谷出合手前の徒渉点で再び左岸へ。橋が流失し、増水時はとくに危険（2023年現在）

4 黒金山尾根取付点。ここから急登がはじまる。分岐の左側は川上渓谷の遊歩道

5 ツガ、アカマツ、ヒメシャラなどの自然林の中、気持ちのよい尾根道を歩く

6 天狗の水場。そばには10人程度ならビバーク可能な岩屋がある

7 T字路になっている天狗の分れ。障子岳へは縦走路を南（左）に下る

8 展望のよい障子岳山頂。とくに隣接する祖母山と古祖母山、親父山の眺めがよい

＊コース図は112・113㌻を参照。

本谷山のブナ広場付近から古祖母山を望む

40

古祖母山

ふるそぼさん 1633m

新緑、紅葉ともに美しい祖母・傾縦走路上の山

日帰り

歩行時間＝4時間20分
歩行距離＝5・8km

技術度
体力度

コース定数＝17

標高差＝657m

累積標高差 683m 683m

九州屈指のタフコースである祖母・傾《かたむき》縦走路の中にあって、古祖母山は女性的で優しい山容をした山である。「古祖母」という山名の由来は、祖母山の祭神である豊《とよ》玉姫命《たまひめのみこと》が最初に降臨した場所であることにちなむ。

なだらかで歩きやすいルート上には、ブナやミズナラ、ヒメシャラなどの落葉広葉樹が多く茂り、新緑や紅葉の時期には格別に気持ちのよい山歩きが楽しめる。5月上旬にはツクシアケボノツツジを目的に訪れる登山客も多い。

登山口は宮崎県との県境にある尾平越《おびらごし》トンネルの両端にあるが、大分県側の登山口から尾平越に上がるルートは2012（平成24）年7月の九州北部豪雨によって崩壊し、現在も通行できない状態が続いている。復旧するまでは、トンネルの宮崎県側にある**日向《ひゅうが》登山口**から入山するようにしよう。

登りはじめからいきなりの急登に戸惑うがそれも長くは続かず、植林帯を抜けたあたりから道はしだいに緩やかになってくる。40分ほどで尾根に出ると、そこが**尾平越**だ。尾平越は祖母・傾縦走路のほぼ中間地点にあたり、ここから東（右）に進むと本谷山《ほんたにやま》、西（左）に進むと古祖母山にいたる。また、通行不能になっている大分県側の登山口からのルートともここで出合う。

尾平越から400㍍ほど西進し、最初の坂を登りつめると「コシキ岩」という名の4等三角点（1230・5㍍）がある。さらに尾根をたどると、道の右側に好展望の露岩が現れる。わずかに登山道から外れているが、「**展望台**」と大書きされた標識があるので見逃がすことはまずない。ここからの展望は抜群で、対面して広がる障子《しょうじ》岩《いわ》尾根の稜線や祖母山、障子岳などが一望できる。ファミリーハイクであれば、ここを目的地としてピストンしてもよいだろう。

展望台をすぎると道はしだいに険しくなり、スズタケが現れはじめる。山頂の200㍍ほど手前には、大きな巨岩の間にハシゴのかかった岩壁が立ち塞がっている。コース最大の難所だが、慎重に登ればさほど危険はない。登りきった右側の岩の上からはコース随一の絶景が得られ、眼下に広がる山肌や祖母山から傾山にいたるまでの稜線を見通すことができる。

登り着いた**古祖母山**の山頂は縦走路から若干はずれた場所にあり、三角点のある南側の山頂からは親父山《おやじやま》や二《ふた》ツ岳《だけ》、遠くに六峰《ろっぽう》街道の山並みが見渡せる。

復路は往路を戻る。

（山岡研一）

山頂の北側から見る祖母山〜障子岳の稜線

コース上のツクシアケボノツツジ

珍しい白花のミツバツツジ

CHECK POINT

1 大分県側登山口はトンネル口の右脇にあり駐車スペースは6〜7台（尾平越への登山道は崩落のため通行不可）

2 トンネルの宮崎県側にある日向登山口。広い駐車場の奥からは土呂久登山口に通じる林道がのびている

3 尾平越。祖母・傾縦走路のほぼ中間地点にあたり、縦走時のエスケープ地点としても重要な場所だ

4 コースのほぼ中ほどにある展望台。大障子岩から祖母山、天狗岩、障子岳とつながる稜線を一望できる

5 展望台をすぎると、かつて縦走路全体を覆いつくしていたスズタケが姿を現す

6 山頂の手前にある巨岩の間にはハシゴが架かっている。右側の岩の上からは大展望が得られる

7 コース随一の絶景ポイント。大障子岩を起点に祖母山、傾山にいたる大縦走路の全容が見てとれる

8 3等三角点がある古祖母山の南峰山頂。とくに南側の展望にすぐれ、高千穂の市街地や二ツ岳がよく見える

■鉄道・バス
往路・復路＝尾平鉱山までは114㌻参照。ここから尾平越トンネル北口へ徒歩約55分。タクシーは緒方駅から尾平越トンネルへ約1時間20分。

■マイカー
尾平鉱山までは114㌻を参照。尾平鉱山からはそのまま県道7号を進んで尾平越トンネルへ。駐車はトンネルの両端にある登山口を合わせると30台以上可能。

■登山適期
新緑は5月、紅葉は10月中旬〜下旬。

■アドバイス
▽古祖母山と障子岳を結ぶ尾根道には眺望のよい岩峰が点在する。体力と時間に余裕があるなら、障子岳とセットで登るのもおもしろい（古祖母山〜障子岳往復約2時間25分）。
▽ほかに宮崎県高千穂町土呂久地区から登るルートもある（土呂久登山口〜古祖母山往復約5時間30分）。

■問合せ先
豊後大野市緒方支所☎0974・42・2111（コミュニティバスも）、あいのりタクシー祖母・傾線☎080・2375・8681、日坂タクシー☎0974・42・2145、中央タクシー☎0974・42・3115

■2万5000分ノ1地形図
祖母山・見立

＊コース図は112・113㌻を参照。

41

爽やかな自然林の尾根を歩く充実の山行

本谷山・笠松山

ほんたにやま 1643m
かさまつやま 1522m

日帰り

歩行時間＝6時間5分
歩行距離＝12・7km

技術度 ■■□□□
体力度 ■■□□□

コース定数	＝33
標高差	＝664m
累積標高差	↗1078m ↘1078m

笠松山山頂より見る本谷山

本谷山は大分と宮崎の県境稜線上にある山で、前項（120ページ）の古祖母山《ふるそぼさん》と並んで祖母・傾《かたむき》縦走路の中核をなす。北東にある笠松山と同様、山域の名を冠する祖母山や傾山に比べると一般になじみは薄いが、そのぶん、豊かな自然生態系が残っている貴重な山だ。ルートはブナやミズナラ、ヒメシャラ、ナナカマドなどの落葉広葉樹に恵まれ、新緑や紅葉の時期には格別に気持ちのよい尾根歩きが楽しめる。かつて縦走路を覆っていたスズタケが今ではほとんど消滅してアプローチしやすくなったせいか、最近ではトレイルランニングを楽しむ人の姿も見かけるようになった。また、7月上旬には笠松山に自生するオオヤマレンゲを目的に訪れる登山者も多い。

トクビ展望台。展望のよい露岩が2箇所ある

登山口は宮崎県との県境にある尾平越《おびらごし》トンネルの両端にあるが、前項で触れたとおり大分県側の登山口は通行不能となっているため、やはり宮崎県側から登ることになる。先に紹介した日向《ひゅうが》登山口から入山して尾平越を東（右）に折れてもよいが、県道を挟んで反対側にある林道の入口付近にも「古道」と朱書きされた**本谷山登山口**がある。ここから取り付き、スギの植

■鉄道・バス
120ページ「古祖母山」を参照。

■マイカー
120ページ「古祖母山」を参照。

■登山適期
新緑は5月、紅葉は10月中旬から下旬にかけて。下生えが少なく、風通しのよい尾根道は夏場に歩いてもなかなか心地よい。

■アドバイス
▽縦走路出合から少し西の稜線上にある祠には江戸期の古銭が供えられており、昔はこの場所を峠道が通っていたものと思われる。類似の他著には、ここを尾平越と表記している場合もある。
▽笠松山の山頂から北東に10分ほど歩くと笠松山最高点とよばれるピークがある。さらに5分ほど進んだところにある東展望台からは傾山の絶景が得られる。
▽九州では絶滅したとされるツキノワグマだが、1987（昭和62）年に笠松山で1頭が射殺されて話題になった。
▽笠松山へはほかに九折越を経由して行くコースもある（傾山九折登山口～九折越～笠松山往復約7時間10分、宮崎県日之影町黒仁田林道奥の黒仁田登山口～九折越～笠松山往復約3時間10分）。

■問合せ先
豊後大野市緒方支所☎0974・42

←三国岩より見る（右から）祖母山、障子岳、古祖母山の稜線

↑笠松山山頂の西側に群生するオオヤマレンゲ

林帯の急坂をジグザグに登って**縦走路出合**に出よう。縦走路出合から先は快適な稜線歩きだ。

　しばらく東に進むと、ブナの巨木が立ち並んだ印象的な場所を通る。ここが**ブナ広場**で、祖母・傾縦走時のテント場としてもよく利用されている。また、広場南側の防獣柵の扉を開けて15メートルほど下ると水場がある。

　さらに東進して丸山《まるやま》の鈍頂を越えていくと、やがて**三国《みくに》岩**とよばれる大岩が現れる。展望のよい岩上からは、古祖母山から祖母山にいたる稜線がよく見える。さらに15分ほど進むと**本谷山**の山頂に出るが、展望は今ひとつだ。

　山頂を辞し、次に笠松山に向かう。山頂から100メートルほど下ると、ルートの左側に水場とひと張り分のテントスペースがある。緊急避難時に覚えておくとよい。本谷山と笠松山の中間地点にはトクビ展望台があり、目指す笠松山や傾山の雄姿を望むことができる。

笠松山の山頂は縦走路から少しはずれた北側に位置し、本谷山や傾山方向に視界が開けている。なお、オオヤマレンゲは山頂西の展望台のそばに群生している。

　下山は往路を戻る。

（山岡研一）

・2111（コミュニティバスも）、あいのりタクシー祖母・傾線☎080・2375・8681、日坂タクシー☎0974・42・2145、中央タクシー☎0974・42・3115

■**2万5000分ノ1地形図**
見立

CHECK POINT

1 本谷山登山口。尾平越トンネル宮崎県側の右側の林道を少し入った場所にある

2 植林の進んだ宮崎県側の斜面をジグザグに登ると縦走路出合に出る

3 ブナ広場。そばに水場があり、縦走時には幕営地として使われることも多い

4 3等三角点のある丸山の山頂。縦走路から10メートルほど南にはずれた場所にある

5 三国岩はコース随一の展望を誇るが、最近では樹木により見通しが悪くなった

6 本谷山の狭い山頂は背の低い木立に囲まれており、展望は得られない

7 トクビ展望台から見る笠松山。なだらかで優しい山容をしている

8 笠松山山頂。樹木が多いが、祖母山方向と傾山方向の展望が開けている

＊コース図は112・113ページを参照。

42

絶景の岩塊から祖母・傾の縦走路を望む

大障子岩

おおしょうじいわ
1451m

日帰り

歩行時間＝7時間30分
歩行距離＝9・1㎞

技術度 ★★★☆☆
体力度 ★★☆☆☆

コース定数	＝31
標高差	＝1050m
累積標高差	↗1396m ↘1249m

大障子岩の岩壁

大障子岩は祖母山《そぼさん》から東北東にのびる障子岩尾根のピークで、急峻なアップダウンの多い手強い山だ。登山口となる豊後大野《ぶんごおおの》市緒方《おがた》町上畑《うわはた》の健男社《たけおしゃ》は祖母・傾《かたむき》縦走の起点のひとつで、完全縦走といえばここから登りはじめることを意味する。本項では健男社横の障子登山口から登り、八丁越《はっちょうごし》から愛《あい》山《ざん》新道を下るコースを紹介しよう。

まずはJR緒方駅からタクシーなどで**障子登山口**へ。マイカーの場合は健男社の駐車場に停める。

健男社境内からのびる道と、県道からの道の合流点が登山口だ。登山届を出し、コンクリ舗装の道を上がっていくと、左手に黒谷《くろたに》川砂防ダムが見えてくる。舗装道の終端から防獣柵に沿って斜面を登り、最初の徒渉点を越えると本番だ。いきなりの急登に息をきらし、さらに2本の流れをまたいで高度を上げていくと、黒岩山《くろいわやま》の山腹に沿ってのびている尾根道に出る。ここから先、前《まえ》障子分岐までは比較的緩やかで歩きやすい道だ。

やがて前障子への分岐に出るが、分岐から前障子に行くにはナイフエッジの岩尾根を進む必要がある。ここはコース中でもとくに注意を要する地点で、強風下や岩が濡れている場合などは前障子への登頂を見合わせたほうが無難だ。

前障子の山頂は背の低い灌木に囲まれ、今ひとつの展望だが、ピークの西側にある断崖からの眺めは絶景のひと言につきる。眼下から祖母山へ続く稜線は、九州の登

■鉄道・バス

往路＝JR豊肥本線緒方駅から豊後大野市コミュニティバス（平日運行・便数少ない）またはあいのりタクシー祖母・傾線（土日祝運行・要予約）で傾山登山口へ。タクシーは緒方駅から傾山登山口へ約40分。

復路＝下山地の県道7号からタクシーで緒方駅へ（約1時間）。

■マイカー

緒方町へは114㌻を参照。緒方町からは国道502号を進み原尻の滝入口交差点で左折。県道7号で緒方町上畑の健男社へ。駐車場は健男社前に3台、境内の駐車場に約10台。

■登山適期

▽ツクシアケボノツツジやツクシシャクナゲは4月末から5月上旬。紅葉は10月中旬から下旬。時間のかかるコースなので、日照時間の短い冬場はあまりおすすめできない。

■アドバイス

▽前障子の直近にあるナイフエッジ状の岩尾根は、とくに注意して歩行すること。

▽下尾平登山口に下山後、県道7号を健男社まで歩いて戻る場合は、緩やかな下りをおよそ7㌔、約1時間20分の行程。また、タイミングよくコミュニティバスに出会えば乗車することもできる（バス停はないが、手を上げれば乗車可能）。

■問合せ先

＊愛山新道は2022年の台風被害でクーチ谷沿い〜八丁越間の一部箇所が通行不能になっている。詳細は豊後大野市のホームページを参照のこと。

尾平越から見た大障子岩と前障子（右奥）

障子岩尾根のルート上にある展望のよい露岩

山者なら一度は見ておきたい。

分岐へと戻り、次に大障子岩を目指す。この先もしばらく緩やかな尾根道歩きが続くが、巨岩の基部をすぎたあたりから途端に道は険しくなる。いくつもの急坂のアップダウンを経て、ようやく**大障子岩**の山頂へ。ここも前障子同様、ピークの西側に展望のよい岩場があり、祖母・傾山群の主峰をはじめ、九重《くじゅう》、阿蘇《あそ》の山々を一望のもとに見渡すことができる。

山頂を辞し、八丁越にある分岐を目指して宮原《みやばる》の方へ下る。右手には先に登った大障子岩の岩塊が圧倒的な存在感でそびえている。

八丁越の分岐を左に折れ、愛山新道へと下っていく。稜線付近のスズタケは枯死しているため、はじめは快適な道だが、すぐに急坂の難路へと変わる。ロープなどの手がかりを利用して慎重に下ろう。愛山新道の途中には、愛《いと》しの滝とよばれる滝がある。

滝をすぎたあとは、何度か徒渉点を越えて、ガレた涸れ沢やスギの人工林の中を歩いていくと、やがて尾平《おびら》林道につながる作業道の終点に出る。作業道を道なりに進んで**下尾平登山口**を経て、**県道**へ下ろう。（山岡研一）

豊後大野市緒方支所☎0974・42・2111（コミュニティバスも）、あいのりタクシー祖母・傾線☎080・2375・8681、日坂タクシー☎0974・42・2145、中央タクシー☎0974・42・3115

■2万5000分ノ1地形図

見立

CHECK POINT

1

健男社の手前にある障子登山口。県道から少し奥、健男社境内からのびる道との合流点に登山届箱がある

2

舗装道終端から先は本格的な登山道となる。尾根まで上がるルートは急登の連続

3

前障子の山頂に続くナイフエッジの岩峰。岩の右側をトラバース気味に登る

4

尾根道途中の巨岩。基部を巻き大障子岩を目指すが、この先は厳しい登降の連続

5

大障子岩山頂。西側に展望が開けた露岩があり、そこからの眺めはまさに絶景のひと言

6

八丁越の分岐点。ここから愛山新道を下る。尾根を直進すると、祖母山にいたる

7

愛山新道の途中にある愛しの滝

8

作業道終点から尾平林道を経て県道7号に下る

＊コース図は112・113ページを参照。

センゲン尾根から見た傾山（中央の突起が本傾、その右が後傾）

43

山群盟主の祖母山と人気を二分する奇岩絶鋒の名山

傾山① 九折コース

かたむきやま　つづらこーす
1605m

日帰り

歩行時間＝7時間30分
歩行距離＝10.6km

技術度 ★★★☆☆
体力度 ★★☆☆☆

コース定数	＝31
標高差	＝1225m
累積標高差	↗1401m ↘1401m

県の南西部、宮崎県との県境付近にひときわ怪異な岩塊を突き出す傾山は、日本三百名山のひとつで、山群盟主の祖母山《そぼさん》と人気を分ける。

傾山という名前は、山頂を構成する本傾《ほんかたむき》と後傾《うしろ》、そして前傾《まえ》の3つの岩峰の西面がそろって切れ落ちているため山全体が傾いて見えることにちなみ、その由来に関連する伝説も多い。また、岩茸採りの若者・吉作《きっさく》の悲話を伝える「吉作落とし」の昔話も有名だ。

登山道は四方にのびるが、本項では最もポピュラーな九折コースを紹介する。

九折登山口は、豊後大野《ぶんごおおの》市緒方《おがた》町上畑《うわはた》九折の豊栄《ほうえい》鉱山跡にある。JR緒方駅から県道7号上の傾山登山口までバスがあるが、日帰り登山での利用は時間的に厳しく、実際にはタクシーかマイカー頼みのアクセスとなろう。登山口には、トイレと足洗い場が併設された休憩舎と駐車場が整備されている。休憩舎のそばでは無料Wi－Fi

無人の九折越小屋

■鉄道・バス
往路・復路＝JR豊肥本線緒方駅から豊後大野市コミュニティバス（平日運行・便数少ない）で傾山登山口バス停へ。そこから徒歩で九折登山口まで1時間。土日祝限定だが、あいのりタクシー祖母・傾線（要予約）が九折登山口まで運行される。タクシーは緒方駅より九折登山口まで約55分。

■マイカー
緒方町へは114㌻を参照。緒方町

傾山山頂からの祖母・傾縦走路（中央が本谷山・右端が祖母山）

の利用も可能だ。

駐車場から九折川の左岸を道なりに進むと、突き当たりに貯水槽がある。貯水槽の左側が取付点だ。コンクリートの坂道を上がり、青く塗られた鉄製の橋でケイセイ谷を越えて少し進むと、右手に九折越《ごし》への指導標が出てくる。それにしたがい、山の中へ。ちなみに道をそのまま直進すると、次項（130㌻）で紹介する坊主《ぼうず》尾根（水場）コースへ続く。

深い樹林帯の道を山手《やまて》谷の左岸沿いに登っていくと、やがて樹々の間から芥神《あくたがみ》の滝が姿を現す。滝を見下ろしながらなおも進むと、ほどなく、カンカケ谷の右岸に渡る徒渉点に出る。その後、さらに徒渉を2回くり返して谷から離れると、急登のはじまりだ。難所もあるので、ロープやハシゴを手がかりに慎重に登ろう。急坂との格闘を終えると、九折からのびてきた奥岳《おくだけ》林道と出合う（**林道出合②**）。

ひと息つき、次に林道の左斜向かいにある鉄製の階段から再び山中へ。引き続き斜面は急だが、道がジグザグに切られているので、幾分歩きやすい。標高1000㍍の標識をすぎ、なおも高度を上げると、道の右側に熊野《くまの》社の小祠がある。単調な登りはまだまだ続くが、このあたりから樹々の間に目指す傾山の岩峰がのぞきはじめる。やがて、広々とした草の原に飛び出すと、そこが**九折越**だ。

九折越は県境尾根に沿って東西に走る祖母・傾縦走路との合流点で、南側には宮崎県西臼杵《にしうすき》郡日之《ひの》影《かげ》町見立《みたて》に下りる登山道がのびている。また、縦走路を西に50㍍ほど進んだ林の中には、九折越小屋がある。

山頂へは、本傾と後傾の2峰を

からは国道502号を進み原尻の滝入口交差点で左折して県道7号に入る。傾山登山口バス停の手前で再び左に曲がり、九折登山口へ。駐車は登山口に15～20台程度可能。

■**登山適期**

山頂付近の岩峰に彩りを添えるツクシアケボノツツジは5月上旬。紅葉は10月中旬から下旬にかけてよい。

■**アドバイス**

▽日本三百名山は日本山岳会により1978（昭和53）年に選定された。

▽山名に関しては、神武東征伝説に由来する四皇子峰という異称もある。

▽水はカンカケ谷の徒渉点か、林道出合②から200㍍ほど左に林道を下った小橋のたもとで得られる。

▽『緒方町誌』によると、熊野社の小祠はその昔クマを供養するために建てられた熊墓である。

▽宿泊は九折越小屋（25人収容・無料）。山麓には民宿あんどうがある。

■**問合せ先**

豊後大野市緒方支所☎0974・42・2111（コミュニティバスも）、あいのりタクシー祖母・傾線☎080・2375・8681、日坂タクシー☎0974・42・2145、中央タクシー☎0974・42・3115、民宿あんどう☎0974・47・2430

■**2万5000分ノ1地形図**

小原・見立

＊コース図は129㌻を参照。

CHECK POINT

1 豊栄鉱山跡地そばの九折登山口。トイレや水場もあり、前泊している登山者も多い

2 登山口から九折川左岸を南東に進んだ突き当たりにある登山道取付点。そばに貯水槽がある

3 登山道の取付点から青い鉄橋を越えた少し先にある九折コースへの分岐点。ここから深い樹林帯に入る

4 カンカケ谷にかかる斧神の滝。登山道からは見下ろす形になる

5 カンカケ谷を徒渉する。安全のため、両手にストックをもつのが望ましい。増水時はとくに注意したい

6 カンカケ谷を右に左に3度徒渉したあとに現れる岩場。九折コース最大の難所である

7 岩場をクリアすると奥岳林道に出る(林道出合②)。先に進むには、左斜向かいにある鉄製の階段を上がる

8 居心地のよい九折越は幕営地にも適している。水は南側の見立コースへ300メートルほど下ったところで得る

9 山頂付近には他ルートとの分岐が複数あるので迷わないように。写真は冷水、払鳥屋コースへの分岐点

10 本傾の山頂は比較的広く、まるで岩を配した庭園のような趣さえ感じられる。展望も抜群だ

後傾からの傾山(本傾)山頂。西側の岩が切れ落ちているのがよくわかる

秋の九折越。奥に目指す傾山が見える

正面に見ながらセンゲン尾根を東(左)に進む。これまでの急登が嘘のような緩やかな尾根歩きは、爽快感さえ覚えるだろう。丘のような千間山《せんげんやま》の鈍頂を越え、なおも進むと、後傾の基部に着く。ここからが最後の急登だ。随所に現れるロープや岩のホールドを頼りにぐいぐいと高度を上げていく。やがて、右側から**杉《すぎ》ヶ越《がごえ》コース**の道が合わさり、後傾の頂に達する。左手には西面が鋭く切れ落ちた本傾の岩壁が迫り、右手にははるかに大崩《おおくえ》山群の峰々が横たわっているのが見える。

本傾へのルートはいったん鞍部に下りてからの急登だが、距離は短い。途中、大白《おおしら》谷(冷水《ひやみず》、払鳥《はらいと》屋《や》コース)から、次に三《み》ツ尾《お》(坊主尾根、官行《かんこう》コース)からの登山道が合わさって**本傾**山頂に着く。

山頂からの展望は抜群で、とくに西側の崖上からの眺めは一見の価値があろう。

復路は往路を戻る。

(山岡研一)

43は43傾山①のCHECK POINT番号です
44は44傾山②のCHECK POINT番号です
45は45傾山③のCHECK POINT番号です
傾山登山口バス停〜九折登山口間徒歩1時間
土日祝は九折登山口まであいのりタクシー祖母・傾線が運行
傾山登山口バス停、緒方駅へ
豊後大野市
大分県
佐伯市
宮崎県
日之影町
本傾
1605
傾山
後傾
前傾
五葉塚
杉ケ越・九折コース分岐
水場・坊主尾根コース合流点
水場・坊主尾根コース分岐
坊主尾根コース危険箇所が多い
展望のよい露岩
アオスズ谷の徒渉
三ツ尾
1171
3本の大木
展望のよい露岩
林道出合①
ドウカイ谷の増水時は奥岳林道を歩く
ドウカイ谷の徒渉
観音滝
豊栄鉱山跡
379m
九折登山口
Start Goal
分岐
徒渉
九折コース
カンカケ谷の徒渉
ロープのある岩場
林道出合②
熊野社
カンカケ谷の増水時は奥岳林道を歩く
奥岳林道
三ッ坊主
二ッ坊主
吉作落とし
九折越
九折越小屋
1311
千間山
1378
センゲン尾根
傾山の展望よい
ロープの連続
ハシゴが10箇所アップダウンの道
1198mピーク
シコクママコナ
ツクシアケボノツツジ
2段ハシゴ
障子岩
ハシゴ3箇所
1088
鳥屋ダキ分岐
杉ケ越コース(南稜新道)
934
尾根取付点
882m
登山口
駐車スペース(宮崎県側)
駐車スペース(大分県側)
県道への落石に注意
やや不明瞭
杉ケ越
杉園大明神
1004
見立コース
駐車スペース
黒仁田登山口
荒れた林道(走行注意)
林道黒仁田
造林小屋跡
黒仁田神社の鳥居がある
たかはた山
1207
とやんたき
929
奥村
乙ケ渕
721
民宿あけぼの荘
日之影へ
東傾山
1310
冷水コース
ソデ尾
1392
払鳥屋(御泊)コース
ホトクリ原
林道終点登山口
官行コース
造林小屋
官行跡
登山口
冷水林道
白谷
大白谷
清川町大白谷、三重町駅へ
三重町駅へ
西山渓谷、三重町駅へ
宇目町南田原、三重町駅へ
新百姓谷へ
笠松山、祖母山へ
中津無礼川
梅ノ木谷
1:45,000
0
1km
N

44

傾山②　水場コース

危峰連なる坊主尾根の東面を巻いて絶峰の頂へ

かたむきやま　みずばこーす
1605m

日帰り

歩行時間＝7時間25分
歩行距離＝10・7km

技術度 ★★★☆☆
体力度 ★★☆☆☆

コース定数	＝33
標高差	＝1226m
累積標高差	↗1528m ↘1528m

坊主尾根越しに望む前障子（左）と阿蘇山（奥）。左下の突起は吉作落とし

祖母《そぼ》・傾山群の最東端にある傾山。標高こそ凡庸だが、濃密な原生林の中から天を衝くかのように屹立する岩峰をいくつも束ねた姿は、山群の他山を圧倒する存在感をもつ。とくに山頂から北西にのびる稜線は坊主《ぼうず》尾根とよばれ、二《ふた》ツ坊主、三《み》ツ坊主などの峻険な前《まえ》傾《かたむき》岩峰群が連なる。

本項で紹介する水場コースはその坊主尾根の東面を巻くルートで、健脚向きの坊主尾根コースに比べて危険箇所が少なく、途中に水場もあるため、難易度が低い。久しく道が消失しかかっていたが、最近になって目印のテープなどが再整備され、ずいぶん歩きやすくなった。

スタートは前項（126ページ）と同じ豊栄《ほうえい》鉱山跡地にある**九折《つづら》登山**

■鉄道・バス
往路・復路＝126ページ「傾山① 九折コース」を参照のこと。

■マイカー
126ページ「傾山① 九折コース」参照。

■登山適期
新緑は5月。とくに上旬は山頂付近の岩峰を彩るツクシアケボノツツジも楽しめる。紅葉は10月中旬から下旬にかけてよい。

■アドバイス
▽傾山の標高を1602・2メートルとする資料をいまだに散見することがあるが、国土地理院による再測量の結果、2004（平成16）年11月に標高1605メートルに改定されている。
▽奥岳林道は林道出合①のすぐそばまで一般車両も入ることができる。
▽坊主尾根コースを行く場合は、ハシゴやトラバースのある岩場の難所が続くだけに、登り下りともに行動時間を約50分多く見ておくこと（往復で1時間40分プラス）。

■問合せ先
豊後大野市緒方支所☎0974・42・2111（コミュニティバスも）、あいのりタクシー祖母・傾線☎080・2375・8681、日坂タクシー☎0974・42・2145、中央タクシー☎0974・42・3115

■2万5000分ノ1地形図
小原・見立

アオスズ谷の水場。徒渉点でもあり、その際はスリップに注意したい

奥岳林道からの坊主尾根

青い鉄橋を渡って山手谷の本流を越える

口から。登山口までの交通アクセスや駐車場から九折越《ごし》分岐までの道案内もそちらを参照のこと。

前項では分岐を右にとり九折越を目指したが、本項ではそのまま道を直進する。青い鉄橋を渡って山手《やまて》谷の本流を越えると、コンクリート道終点手前の左に三《み》ツ尾《お》へのルートを示す指導標がある。そこから取り付き、樹林帯をしばらく登ると左手に観音滝《かんのん》が見えてくる。観音滝はドウカイ谷にかかる名瀑で、落差はおよそ70メートル。滝壺へ下りる遊歩道もあるが、現在は一部道が崩れていて通行できない。

先に進み、滝の上で飛び石伝いに対岸へ渡る。普段はさほど危険ではないが、過去には死亡事故も起きている場所だ。増水時や徒渉に不安を感じるなら、奥岳《おくだけ》林道を迂回するなどの安全策をとろう。

徒渉してひと登りで奥岳林道と出合う（**林道出合①**）。道の左斜向かいにある取付点から再び山中に入ると、ヒノキの植林地の中、三ツ尾への単調な登りがはじまる。途中には距離の目安となるような特徴のある目印が少ないので、とても長く感じるだろう。

三ツ尾は坊主尾根の肩の部分にあたり、ここで大白《おおしら》谷からの道（官《かん》行《こう》コース）が合わさる。三ツ尾から**水場・坊主尾根コースの分岐**までは緩やかな尾根道歩き。分岐から右に進むと坊主尾根コースの急登がはじまるが、水場コースは左に少し下るように分かれている。この先はルートが少しわかりにくい。踏跡や目印のテープをよく見て十分注意して歩こう。

分岐から160メートルほど下り、次に右手にある緩い岩壁を登りきると、岩を2つ重ねたような特徴的な岩塔がある。その右側を抜けてなおも進むと、アオスズ谷の徒渉点に出る。ここで水を補給できるが、徒渉点付近の岩場はとてもすべりやすく注意が必要だ。

徒渉後、谷の右岸に沿って進むと「水場」と書かれた標識が出てくる。この標識を合図に谷から離れて尾根へと向かう。ヒメシャラの目立つ原生林の中、いっきに高度を上げていくと、五葉塚《ごようづか》の手前

＊コース図は129ページを参照。

でもとの坊主尾根コースと合流する（**水場・坊主尾根合流点**）。

合流後は東（左折）に向かい、次に五葉塚のピークから南へ。途中、本《ほん》傾の山頂手前でコースを外れ少し西に行くと、前傾の断崖に立つことができる。ここから見る本傾の迫力ある岩壁と祖母の頂へと続く稜線の眺めはまさに絶景。ぜひとも立ち寄ってほしい場所だ。

本傾へは前傾から一度鞍部に下り、本傾の岩峰の東側を巻いて急坂を登る。最後は南側からのルート（九折、冷水《ひやみず》、杉《すぎ》ヶ《が》越《ごえ》コースなど）と合流して**本傾山頂**にいたる。

期待を裏切らぬ大展望を存分に楽しんだら、往路を戻ろう。

（山岡研一）

三ツ尾への登路に立つ大木。コース中の目印になる木だ

CHECK POINT

1

豊栄鉱山跡地そばの九折登山口。トイレのある休憩舎では無料Wi-Fiも使用できる。駐車場も広い

2

コンクリート道の終点そばにある三ツ尾への取り付き。指導標を目印にして、観音滝方面へと進む

3

取り付きからしばらく歩くと、登山道の左に観音滝（落差約70㍍）が見えてくる

4

観音滝の直上を徒渉する。水量の多いときは危険なので、奥岳林道を迂回するようにしたい

5

林道出合①から再び山中へ。この付近までは一般車両も入れるので、ここから登りはじめる登山者もいる

6

三ツ尾はその名の通り尾根が3つに分かれている場所だ。東からは官行コースが合流している

7

水場コースへの分岐点。この先は道が少しわかりにくい。ルートから外れないように注意して歩こう

8

こけしのような形をした特徴のある岩塔。ルートはこの右側を通っている

9

水場の標識。登路の場合、この標識を合図に谷から離れる

10

ヒメシャラの目立つ林の中の急坂を尾根まで上がると、先に分かれた坊主尾根コースとの合流点に出る

11

前傾の絶壁。目の前には本傾の岩壁、西側には県境稜線がえんえんと祖母山頂までのびている

12

大きな岩がいくつも転がっている傾山（本傾）山頂。展望もよく、とくに西側の断崖からの眺めは圧巻である

45 祖母・傾と大崩山群をつなぐ険阻な南稜新道を歩く

傾山③ 杉ヶ越コース

日帰り

かたむきやま　すぎがごえこーす
1605m

歩行時間＝8時間5分
歩行距離＝9・2㎞

技術度 ▲▲▲△△
体力度 ♥♥♡♡♡

コース定数＝30
標高差＝723m
累積標高差 ↗1208m ↘1208m

尾根道の途中より大崩山群を振り返る

障子岩をハシゴで下る。2連のハシゴはここと最後の急登の2箇所にある

　山群盟主の祖母山《そぼさん》から続く大分と宮崎の県境稜線は、本谷山《ほんたにやま》、笠《かさ》松山《まつやま》を越えてセンゲン尾根を伝い、傾山山頂直下で再び南に向きを変え夏木山《なつきやま》へとのびる。その傾山の南の稜線上を歩くルートが、杉ヶ越コースだ。地図上には表れない10メートル未満の岩塔が連続するハードな行程は、体力・技術ともに高いレベルが要求され、傾山の一般登山道の中では、最難関の部類に属する。しかし、その険しさゆえに手つかずの原生林が残されており、祖母・傾山系の自然を、存分に堪能することができる。

　登山口は佐伯《さいき》市宇目《うめ》と宮崎県西《にし》臼杵《うすき》郡日之影《ひのかげ》町をつなぐ県道6号の杉ヶ越トンネルのたもとにある。公共交通を使ってのアクセスは困難で、マイカーかレンタカーに頼るほかない。駐車可能台数はトンネルの両側にそれぞれ数台程度。他車両の通行の障害とならないよう、配慮して停めよう。縦走路まではトンネルの大分県側から上がることもできるが、ルートが不明瞭なため、宮崎県側にある登山口から登ることをおすすめする。

　登山口を出てわずかに登ると、東西に走る縦走路に出合う。傾山を目指すにはここを西進（左折）するが、少し東に戻った場所にある杉圍《すぎがこい》大明神に道中の安全を祈願してから出発しよう。

　分岐に戻り、あらためて西に進む。しばらくの間は緩やかな下り坂が続く。ルートの左側直下は県道が走っているので、石など落とさないよう要注意だ。

　分岐から450メートルほど進むと、道の右側に尾根への取り付きがある。取り付きから先、少しずつ角度がきつくなる尾根道を登ると、やがて最初のピークである**鳥屋《とやん》ダキ分岐**に達する。視線を北に向けると、次のピークの先にセンゲン尾根の稜線と後傾が見えている。

＊コース図は129ページを参照。

傾山の最高点・本傾山頂。実際の標高は1605メートル

鳥屋ダキ分岐からしばらく進むと、最初のハシゴに出る。アルミ製のハシゴを慎重に下り、振り返って行く手を見ると、目の前に思わず見上げるような斜面が立ちはだかっているのに気付く。これがこのコースの難路たるゆえん。この先、登っては下り、下っては登るピークの連続が待っている。

急坂を登り、さらに2つのハシゴを上がると**障子《しょうじ》岩**に出る。花の時期なら、このあたりから岩稜を彩るツクシアケボノツツジが多くなる。

障子岩から2段ハシゴで下ったあとはしばらく緩やかな尾根歩きが続くが、やがて目の前に「この先登山危険」と書かれた標柱が現れる。ここから先は**1198メートルピーク**を含む、鋸刃のようなアップダウンの連続だ。急坂を登ってはハシゴで下る。さすがに下りのハシゴばかりが6つも続くと、登っているのか下っているのかわからないような錯覚に陥る。

しかし、もどかしいアップダウンもここまで。次に現れる上りのハシゴが最後の急登のはじまりだ。とくに後半の3段ハシゴ（正確には1段＋2段）と続くロープの連続は、本コースの核心部だ。

息つくような急登の終点でやれやれと後ろを振り返ると、「この先下山危険」と書かれた標柱が目に入る。下山時、確かにここは気の抜けない下りとなるだろう。

この後、再び注意喚起を促す標柱が出てくるが、これまでの道中に比べればさほど難しくはない。やがてアセビの群落が現れると、**九折《つづら》コースとの合流点**は近い。

合流点から**本傾《ほんかたむき》**山頂までのルートは126ページ「傾山①九折コース」を参照のこと。

復路は往路を戻る。

（山岡研一）

九折コースとの合流点。最後の急登を経て山頂へ

■鉄道・バス
往路・復路＝JR豊肥本線三重町駅からタクシーで杉ヶ越へ（約55分）。

■マイカー
大分道大分米良ICから国道10・326号を進み、佐伯市宇目町南田原で県道6号に入って、登山口のある杉ヶ越トンネルへ向かう。駐車スペースはトンネル右手の荒れ地に3台程度、宮崎県側のトンネル口付近の路肩に2～3台分ある。

■登山適期
アケボノツツジの多いルートだけに、開花時期の5月上旬がベスト。紅葉は10月中旬から下旬にかけて。岩場やハシゴが多いので、ルートが凍結する厳冬期の入山はおすすめできない。

■アドバイス
▽コース途中には水場がない。とくに夏場は飲用水を多めに準備しておこう。
▽険しい岩塔のアップダウンが連続するルートだけに、下山時も登路と同じくらいの時間を要する。とくに日照時間の短い時期は、時間管理を厳にして行動すること。
▽コース上にあるハシゴは全部で14箇所（うち2箇所は2段）。すべてアルミ製の頑丈なものだ。
▽車が2台以上あるなら、払鳥屋コース（宇目）や見立コースを復路に使うプランも考えられる。

■問合せ先
佐伯市宇目振興局☎0972・52・1111、JR三重町駅☎0974・22・0064、日坂タクシー三重本社営業所☎0974・22・1053、みどりタクシー☎0974・22・0160

■2万5000分ノ1地形図
木浦鉱山・小原・見立

1198㍍ピーク付近から見た後傾。この先は10箇所ものハシゴが架かるアップダウンの道となる

CHECK POINT

1 杉ヶ越トンネルの宮崎県側の登山口。ルートが明瞭なため、大分県側よりこちらからの入山がおすすめだ

2 杉ヶ越トンネル上部にある杉園大明神。すぐそばに「杉ヶ越」の名前の由来となった朽ちたスギの巨木の切り株がある

3 鳥屋ダキ分岐から見た後傾とセンゲン尾根の稜線。ここが最初のピーク（標高1088㍍）となる

4 最初のハシゴを下る。コースには全部で16本のハシゴがあるが、登路のほうが下るハシゴの数が多い

5 障子岩から見た後傾のピーク。かなり歩いているが、いっこうに近づく気配がない

6 1198㍍ピーク手前の「この先登山危険」と書かれた標柱。ここから激しいアップダウンの連続がはじまる

7 ❻の注意喚起の標柱のあと、岩尾根をトラバース気味に進むところが3箇所ほど出てくる

8 最後の急登の後半部分にある3段ハシゴ。ハシゴを登りきると、次にロープの連続が待っている

46

祖母山支尾根の2山を結んだ気持ちのよい縦走路

緩木山・越敷岳

ゆるぎさん 1046m
こしきだけ 1061m

日帰り

歩行時間＝4時間55分
歩行距離＝8・2km

技術度 2/5
体力度 1/5

コース定数＝21
標高差＝595m
累積標高差 ↗903m ↘903m

竹田市九重野から見た緩木山（左）と越敷岳（右）

竹田《たけた》市の南西に位置する緩木山と越敷岳はともに祖母山《そぼさん》から派生した支尾根のピークで、越敷岳は熊本県との県境上にある。単体でも登山対象となるが、ここでは竹田市九重野《くじゅうの》にある緩木神社そばの登山口をスタートし、2山をめぐる周回コースを紹介する。

登山口から50メートルほどの距離にある分岐を左折し、緩木山を目指す。杉林の中の作業道を道なりに登り、沢を3度またぐと、**緩木山への取付点**に出る。ここを左に上がってコンクリートの舗装が途切れると本番だ。やや荒れた道をしばらく歩き、小さな流れを渡って右側の尾根に上がると、五輪塔や緩木神社元宮《もとみや》への分岐がある。ついで緩木山の山頂への分岐が現れるので左へ。なだらかな**緩木山**山頂はブナやミズナラ、カエデなど

展望にすぐれる越敷岳山頂

緩木神社元宮。コースからやや外れている

■**鉄道・バス**
往路・復路＝JR豊肥本線豊後竹田駅から予約制乗合タクシー「カモシカ号」（日曜運休）かタクシーで登山口へ（約40分）。

■**マイカー**
大分道大分米良ICから国道10・57号を進み、竹田市玉来交差点で県道639号へ。竹田市立祖峰小学校横を右折し県道8号へ。次に県道695号との交差点で左折し、緩木神社の前を通って大規模林道宇目小国線に突き当たった場所が登山口。駐車スペースは登山口前に5～6台。

■**登山適期**
新緑や縦走路のツクシシャクナゲやツクシアケボノツツジを楽しむなら5月上旬。紅葉時期は10月下旬から11月上旬にかけて。また、同時期は祖母山分岐付近のススキの原の稜線歩きが何とも心地よい。

■**アドバイス**
▽乗合タクシー「カモシカ号」は110ページ「鉄道・バス」を参照。
▽縦走路上の祖母山分岐から南東に進むと、三県境の茶屋場で祖母山の北谷登山道と合わさるため、祖母山とセットで歩く登山者もいる。
▽越敷岳にはほかに熊本県高森町神原からのルートもある（往復35分）。
▽挟み岩そばの展望台からは明神の滝がよく見える。水量の多い時期はおすすめだ。

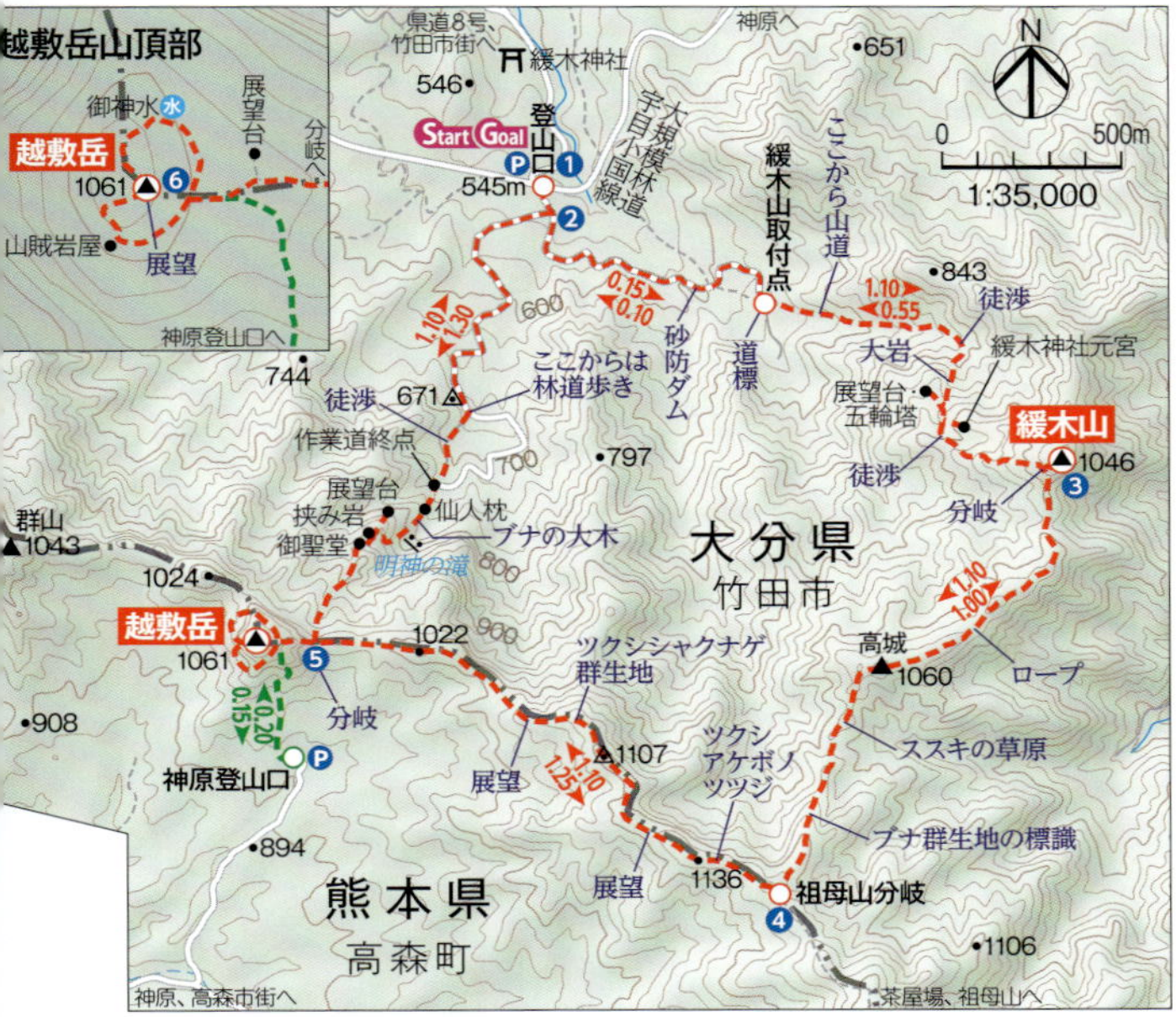

の自然林に囲まれ、居心地がよい。

分岐に戻り、越敷岳を目指して南進する。高城《たかじょう》のピークをすぎると、やがて**祖母山との分岐**に出る。ここは本コース中で最も標高が高く、眺めも抜群だ。分岐を北西（右）に折れて越敷岳方面を望むと、きれいに刈られたススキの縦走路の向こうに阿蘇五岳《あそごがく》が横たわる。

稜線歩きを満喫しながらいくつものアップダウンを越えると、やがて越敷岳山頂への道と下山道との分岐に出る。直進して急坂を登りつめると、次に高森町神原《たかもりこうら》からの道と合わさる。合流点の少し先、眼前に立ちはだかる岩壁の上が越敷岳の山頂だ。山頂へは岩壁の基部を巻くルートの左右どちらを進んでもよく、右側（御神水《ごしんすい》コース）は水が得られ、左側（山賊岩屋《さんぞくいわや》コース）は途中の祠からの眺めがよい。展望に恵まれた**越敷岳**の山頂からは祖母山はもとより、障子岩《しょうじいわ》尾根や阿蘇、九重《くじゅう》の山々が見渡せる。

下山は先の下山道の分岐に戻り、登山口の方向（左）へ。ルートの途中には御聖洞《ごせいどう》とよばれる岩屋や挟《はさ》み岩、明神《みょうじん》の滝など見どころが多く飽きることがない。やがて仙人枕《せんにんまくら》と名付けられた柱状の凝灰岩をすぎると、**登山口**に通じる作業道の終点に出る。（山岡研一）

■問合せ先 竹田市商工観光課☎0974・63・1111、JR豊後竹田駅☎0974・62・2318、竹田合同タクシー☎0974・63・4141、中央タクシー☎0974・63・3939、竹田市観光ツーリズム協会（カモシカ号）☎0974・63・2638

■2万5000分ノ1地形図 豊後柏原

CHECK POINT

1 大規模林道宇目小国線沿いの登山口。道の反対に約5台停められる駐車場がある

2 登山口から50メートルほど入ると分岐がある。左は緩木山、右は越敷岳に通じる道だ

3 かつて山城があった緩木山の山頂。明るくなだらかで休憩場所に向いている

4 祖母山分岐。左に行くと、茶屋場で祖母山の北谷登山口からの道と出合う

5 緩木山〜越敷岳間の縦走路の終点付近にある分岐点。越敷岳登頂後はここに戻る

6 縦走路の終点に立ちふさがる巨大な岩塊。越敷岳の山頂はこの岩の上にある

47

涼やかなヒメシャラの美林の尾根道を歩く

新百姓山・檜山

しんびゃくしょうやま　1273m
ひのきやま　1297m

日帰り

歩行時間＝5時間5分
歩行距離＝6・7km

技術度
体力度

コース定数＝18
標高差＝415m
累積標高差　683m　683m

ヒメシャラの尾根道を歩く。本コースの魅力のひとつだ

新百姓山と檜山はともに大分と宮崎の県境稜線上にあり、傾山《かたむきやま》から杉ヶ越《すぎがごえ》を経て夏木山《なつきやま》へのびる縦走路の中間に位置する。猛々しい山容を誇る傾山と険しい鋸切《のこぎり》尾根をしたがえる夏木山の間にありながら、ルート上には危険な岩壁や岩峰もなく、ヒメシャラやブナ、ミズナラなどの自然林の中でゆったりとした山行を楽しむことができる優しい山だ。

登山口は前項（133ページ）の「傾山③杉ヶ越コース」と同じで、県道6号上の杉ヶ越トンネルのたもとにある。先も触れたが、公共交通機関によるアクセスは難しく、マイカーやレンタカーに頼るほかない。

取り付きは杉ヶ越トンネルの大分県側にもあるが、杉園大明神までのルートがわかりづらいので、宮崎側にある**傾山登山口**から入山するようにしよう。

トンネルの上部に上がり、杉園《すぎがこい》大明神の社前に出ると南北に縦走路が走っている。ここを北に進むと傾山。目指す新百姓山に行くには、南（社正面から見て右）に進路をとる。最初は少しガレた斜面を登るが、1004メートルピークをすぎると明るく歩きやすい尾根道に変わる。

緩やかなアップダウンをくり返

檜山山頂手前に咲くツクシアケボノツツジ

■鉄道・バス
往路・復路＝133ページ「傾山③杉ヶ越コース」を参照。

■マイカー
133ページ「傾山③杉ヶ越コース」を参照。

■登山適期
新緑やツクシアケボノツツジ、ツクシシャクナゲを楽しむなら5月上旬。紅葉時期は10月中旬から下旬にかけてよく、とくにヒメシャラの林が一面紅く色づいたさまは一見の価値あり。

■アドバイス
▽檜山へは、藤河内渓谷から林道奥に入った犬流れ登山口（140ページ「夏木山」参照）から登るルートもある（2時間）。
▽新百姓山の名は、その昔、平家の落ち武者の子孫が東側の麓の藤河内に入って新たに百姓をはじめたことに由来するという。

■問合せ先
佐伯市宇目振興局☎0972・52・1111、JR三重町駅☎0974・22・0064、日坂タクシー三重本社営業所☎0974・22・1053、みどりタクシー☎0974・22・0160

■2万5000分ノ1地形図
木浦鉱山

新百姓山の登路にあるバイケイソウ群落

すうちに、しだいに赤褐色の艶やかな樹皮をしたヒメシャラが目に付くようになる。なおも歩を進めると、目の前に風格のあるブナの巨木が現れる。ここから先の登山道はまさにヒメシャラの尾根道とよんでよかろう。また、5月上旬にはツクシアケボノツツジも色濃く華を添える。やがて着く**新百姓山**の山頂は木立に囲まれ、あまり展望は利かない。

山頂を辞し、尾根をさらに南下して檜山に向かう。ルート上はこれまでにも増してヒメシャラの樹影が濃く、とくに進行方向の右手に広がる谷は人工林と見紛うほどの美しさである。やがて、目の前に鋭い三角形をした檜山が姿を現す。この急坂を登りきると、**檜山**の山頂に到着だ。先の新百姓山同様、山頂は樹木に囲まれているものの、南の方角には夏木山をはじめ五葉岳《ごようだけ》や木山内岳《きやまうちだけ》など大崩《おおくえ》山系の山々を望むことができる。

下山は往路を戻る。

（山岡研一）

CHECK POINT

1

大分県側登山口（取付点はトンネルの右側）。縦走路に出るまでは目印のテープも少ない

2

トンネルの上にある杉園大明神。目指す新百姓山へは社の前の縦走路を南（右）に向かう

3

静かで落ち着きのある新百姓山の山頂。木立に囲まれていて展望は利かない

4

尾根道を南下し檜山へ。このあたりからツクシアケボノツツジも多くなる

5

山頂直下の急登。足場や手がかりも多く、見た目に反してさほど厳しくない

6

檜山山頂。木立に囲まれているが、夏木山や大崩山など南側の展望が利く

48

峻険な鋸切尾根をしたがえるアケボノツツジの名所

夏木山

なつきやま
1386m

日帰り

歩行時間＝4時間50分
歩行距離＝4・8km

技術度

体力度

コース定数＝18

標高差＝634m

累積標高差 754m 754m

鋸切尾根から見た夏木山山頂

夏木山は前項（138ページ）の新《しん》百姓山《ひゃくしょうやま》や檜山《ひのきやま》と同じく、傾山《かたむきやま》から南東に派生した尾根に連なる県境の山である。険しい岩稜の山として知られ、とくに山頂直下の分岐から北にのびる鋸切《のこぎり》尾根ではスリリングな稜線歩きが楽しめる。ツクシアケボノツツジの名所としても有名で、花の時期には県内外からの登山客でにぎわいを見せる。

本項では犬流れ《いぬなが》登山口から鋸切尾根をたどって山頂に立ち、夏木新道を下るコースを紹介しよう。

鋸切尾根核心部・鹿ノ背を慎重に通過する

夏木山へのアクセスは大変不便で、主要な2つの登山口はともに佐伯《さいき》市宇目《うめ》の藤河内《ふじかわち》渓谷の最奥部からさらに林道を遡ったところにある。当然、公共交通機関でのアプローチは難しく、マイカーかレンタカーに頼ることになる。

まずは**夏木新道登山口**で登山届を出し、林道を歩いて**犬流れ登山口**へ。車で移動してもよいが、駐車場所が少ないので、早めに車を停めておいた方が無難だ。

犬流れ登山口からは流れを左に見ながら高度を上げていく。ルート上には100メートルごとに残り距離を示す標識がある。稜線に達すると、そこが**犬流れ越**《ごし》だ。ここから北東（右）に進むと檜山、南西（左）に進むと夏木山にいたる。

■**鉄道・バス**
往路・復路＝JR豊肥本線三重町駅からタクシーで夏木新道登山口へ（約1時間20分）。

■**マイカー**
藤河内渓谷までのアクセスは142ページ「木山内岳」参照。木山内岳登山口横の藤河内橋を渡り、さらに未舗装林道を4・2キロほど奥に入ると夏木新道登山口がある。駐車場はなく、登山口周辺の路肩に他車の迷惑にならないように停める。夏木新道登山口からさらに700メートルほど先に犬流れ登山口があり、登山口の斜め向かいに数台分の駐車スペースがある。

■**登山適期**
ツクシアケボノツツジの満開時期は4月下旬～5月初旬。同時期にミツバツツジやヒカゲツツジなども楽しめる。紅葉は10月中旬～11月上旬。

■**アドバイス**
▽藤河内橋の手前にある駐車場から夏木新道登山口まで歩く場合は約1時間10分を要する。
▽犬流れ登山口には登山届箱がないので、登山届は夏木新道入口で提出しておくこと。
▽鋸切尾根は危険箇所が多く、アップダウンもきつい。初級者は夏木新道を往復することをおすすめする。

■**問合せ先**
佐伯市宇目振興局☎0972・52・1111、JR三重町駅☎0974

犬流れ越から夏木山の山頂へのびる鋸切尾根は大小10のピークで構成された難所で、犬流れ越から数えて5つ目までのピークを小鋸《このこ》、残りの5つを大鋸《おおのこ》とよぶ。ロープやハシゴを手がかりに、激しいアップダウンと身のすくむようなナイフエッジの岩場を越えていくと、やがて山頂直下にある**夏木新道との合流点**に出る。合流点から先も急登が続くが、目指す夏木山の山頂はもうひと息だ。

夏木山の山頂は広くなだらかで、花の時期にはあたり一面をピンクの花びらが彩る。展望もまずまずで、とくに東西にある千丈覗《せんじょうのぞき》という岩場からは絶景が得られる。

復路は夏木新道を使う。**合流点**から東に進むと、すぐに船《ふね》石がある。大きな舟型をした石の上を渡り、しばらく歩くとアケボノ平、さらに下ると檜見台《ひのきみだい》に着く。やがて木立の間に林道が見え、**夏木新道登山口**に出る。（山岡研一）

(左)西の千丈覗からの眺め。中央のピークは五葉岳
(右)山頂西側の千丈覗。展望のよい場所だ

CHECK POINT

1 犬流れ登山口。犬流れ越まで残り1050メートルを示す標識がある。登山届箱は設置されていない

2 犬流れ越まで残り500メートル地点にある標識。登山道には100メートルごとにこのような標識が設置されている

3 犬流れ越。峠は少し広く休憩場所に向く。夏木山へはここから南西に進む

4 広くなだらかな夏木山の山頂。5月上旬に咲き誇るアケボノツツジは圧巻

5 山頂まで残り900メートル地点のアケボノ平。その名の通りアケボノツツジの名所だ

6 夏木新道登山口。取り付きこそ急だが危険箇所は少ない。初級者はここから夏木新道を往復する

・22・0064、日坂タクシー三重本社営業所☎0974・22・1053、みどりタクシー☎0974・22・0160

■2万5000分ノ1地形図
木浦鉱山

49

渓谷美と原生林に癒されながら静かな山旅を満喫

木山内岳

きやまうちだけ
1401m

日帰り

歩行時間＝5時間40分
歩行距離＝7・6km

技術度

体力度

コース定数＝23

標高差＝891m

累積標高差 984m 984m

キャニオニングのゲレンデとしても有名な藤河内渓谷

木山内岳は大分と宮崎の県境にまたがる稜線上の山のひとつで、西の夏木山《なつきやま》と東の桑原山《くわばるさん》と尾根で結ばれている。渓谷美と原生林に恵まれた魅力的な山だが、数年前まで密生するスズタケに阻まれて山頂から展望が利かなかったせいか、現在でもこの山を目指す登山者の姿は少ない。しかし、今ではスズタケの枯死が進み、ずいぶん登りやすくなってきている。

前項（140ページ）の夏木山同様、登山口へのアクセスはマイカーが便利。駐車場は登山口の手前までに2箇所あり、とくに渓谷最奥部の第一駐車場からは徒歩数分で**登山口**に着く。登山口の横に滝までの所要時間が書かれた道標があるが、こちらは相当に健脚向けの参考タイム。景色を楽しみながら歩くなら、5割増しで考えておこう。登山届箱は、登山口から少し入ったコース上に設置されている。

落差77メートルの観音滝

よく整備された遊歩道の右手には、藤河内《ふじかわち》渓谷の美しい流れが横たわっており、澄みきった清流の中にはいくつもの甌穴《おうけつ》が見られる。しかし、遊歩道とよべるのはスタート直後の数分ほど。その後に続く道はスニーカーでは心もとない山道に変わる。

木橋の架かった徒渉点をすぎ、流れに沿って樹林帯

■鉄道・バス
往路・復路＝JR豊肥本線三重町駅からタクシーで登山口（藤河内橋）へ（約55分）。

■マイカー
大分道大分米良ICから国道10・326号を進み、道の駅宇目近くから宇目町真弓地区を抜けて藤河内方面に向かうか、または桑ノ原トンネルをすぎて市道を藤河内方面に上がる。駐車場は渓谷上流部に2箇所（計約30台・トイレあり）あるが、最奥部に位置する第1駐車場に停めるのが便利。

■登山適期
ツクシアケボノツツジやツクシシャクナゲは4月末～5月上旬。紅葉時期は10月中旬～11月上旬で、とくに観音滝周辺の紅葉はみごとだ。厳冬期に凍結する観音滝を目的に登るなら、アイゼンなどの冬山装備は必須となる。

■アドバイス
▽登山口から観音滝までは遊歩道が整備されているが、観音滝分岐から先は道標も少なく、ルートファインディングをしながらの登山となる。
▽国土地理院の地形図にある立松谷は誤記で、並松谷が正しい。

■問合せ先
佐伯市宇目振興局☎0972・52・1111、JR三重町駅☎0974・22・0064、日坂タクシー三重

渓谷沿いではいくつもの甌穴が見られる

を進むと、小1時間で**観音《かんのん》滝への分岐**に着く。分岐の左手には観音様が祀られた祠があり、そこから滝壺に下りることができる。観音滝はウロコ状の柱状節理が特徴的な落差77㍍を誇る名瀑で、厳冬期には滝全体が氷結することで知られている。

分岐に戻って、滝右側の急坂を滝上の吐合《はきあい》へ。ここから先は目印のテープや踏跡を頼りに、右に左に徒渉をくり返して高度を上げていく。沢の流れが途絶えたら、右側の涸れ沢に進み、足場の悪い急坂を登り終えると**喜平越《きへいごし》**に出る。

T字路になっている尾根を少し南東(左)に進むと、大崩山《おおくえやま》の喜平越谷からのルートと出合う。そこから30分ほどで**木山内岳**の山頂だ。山頂からは大崩山や桑原山などを望むことができる。

下山は往路を戻る。

(山岡研一)

CHECK POINT

観音滝へいたる遊歩道入口が登山口。すぐ右手の藤河内橋の上から見る滝つ瀬は渓谷美の極致

「観音滝まで55分」と書かれた標識から右手に入ると、なめらかな花崗岩の渓谷が広がっている

登山口から15分ほどで木橋の架かる徒渉点に出る。ここで並松谷の対岸に渡る

滝の上に登ると2方向からの流れが合わさる吐合に出る。対岸には広場がある

喜平越直下の急登。足元がもろく、浮き石も多いので慎重に進もう

密生していたスズタケが姿を消し、展望が利くようになった木山内岳の山頂

本社営業所☎0974・22・1053、みどりタクシー☎0974・22・0160

■2万5000分ノ1地形図
木浦鉱山

●著者紹介

藤田晴一（ふじた・せいいち）

1939年大分県生まれ。山岳と文化財（建造物や仏像など）の写真撮影を生業とする。山は大分県中心で、山岳写真の原点である九重山にとびきり愛情を注いでいる。『日本の山と溪谷㉙九重山』『花の山旅⑩九重山』（山と溪谷社）、ヤマケイアルペンガイド『九州の山』『九州百名山地図帳』（共著・山と溪谷社）など山の著書やカレンダーなど多数。別府市在住。

弘蔵岳久（ひろくら・たけひさ）

1962年大分県生まれ。法華院温泉山荘の山小屋生活は通算30年目。山岳救助隊や自然公園指導員として登山道整備にも従事する。くじゅうの魅力を広く伝えるとともに、遭難者を減らすことに奮闘中。2017年、環境大臣表彰を受賞。

共著として、ヤマケイアルペンガイド『九州の山』『九州百名山地図帳』（いずれも山と溪谷社）がある。大分県九重町在住。

山岡研一（やまおか・けんいち）

1968年大分県生まれ。高校の頃よりキャンプや登山に親しむ。大分市内の印刷会社に勤務する傍ら、山や自然を活かした地域起こし活動に関わる。2012年、国東市の地域雇用創造推進事業に参画し、九州初となるロングトレイルの創設を提唱。その実現に尽力する。現在、日本ロングトレイル協会理事、国東半島峯道トレイルクラブ顧問、日本山岳会会員。共著として、ヤマケイアルペンガイド『九州の山』がある。大分市在住。

分県登山ガイド43

大分県の山

2018年4月5日 初版第1刷発行
2024年2月20日 初版第3刷発行

著　者 —— 藤田晴一・弘蔵岳久・山岡研一
発行人 —— 川崎深雪
発行所 —— 株式会社 山と溪谷社
〒101-0051
東京都千代田区神田神保町1丁目105番地
https://www.yamakei.co.jp/

■乱丁・落丁、及び内容に関するお問合せ先
山と溪谷社自動応答サービス　TEL03-6744-1900
受付時間／ 11:00 ～ 16:00（土日、祝日を除く）
メールもご利用ください。
【乱丁・落丁】service@yamakei.co.jp
【内容】info@yamakei.co.jp

■書店・取次様からのご注文先
山と溪谷社受注センター
TEL048-458-3455　FAX048-421-0513

■書店・取次様からのご注文以外のお問合せ先
eigyo@yamakei.co.jp

印刷所 —— 大日本印刷株式会社
製本所 —— 株式会社明光社

ISBN978-4-635-02073-2

●編集
吉田祐介
●ブック・カバーデザイン
I.D.G.
● DTP
株式会社 千秋社（竹入寛章）
● MAP
株式会社 千秋社（細井智喜）

■本書に掲載した地図は、国土地理院長の承認を得て、同院発行の数値地図（国土基本情報）電子国土基本図（地図情報）、数値地図（国土基本情報）電子国土基本図（地名情報）、数値地図（国土基本情報）基盤地図情報（数値標高モデル）及び数値地図（国土基本情報20万）を使用したものです。（承認番号　平29情使、第1304号）

■各紹介コースの「コース定数」および「体力度のランク」については、鹿屋体育大学教授・山本正嘉さんの指導とアドバイスに基づいて算出したものです。

■本書に掲載した歩行距離、累積標高差の計算には、DAN杉本さん作製の「カシミール3D」を利用させていただきました。